陶华碧传

老干妈的香辣帝国

冷湖 著

华中科技大学出版社
http://www.hustp.com
中国·武汉

图书在版编目(CIP)数据

陶华碧传：老干妈的香辣帝国/冷湖著. — 武汉：华中科技大学出版社，2022.7
ISBN 978-7-5680-8304-1

Ⅰ.①陶… Ⅱ.①冷… Ⅲ.①陶华碧—传记 Ⅳ.①K825.38

中国版本图书馆CIP数据核字(2022)第079210号

陶华碧传：老干妈的香辣帝国　　　　　　　　　　　　　　　冷湖　著
Tao Huabi Zhuan:Laoganma de Xiangla Diguo

策划编辑：沈　柳	
责任编辑：刘　静	
封面设计：廖亚萍	
责任校对：刘　竣	
责任监印：朱　玢	

出版发行：华中科技大学出版社(中国·武汉)　　电话：(027)81321913
　　　　　武汉市东湖新技术开发区华工科技园　　邮编：430223

录　　排：湖北新华印务有限公司
印　　刷：湖北新华印务有限公司
开　　本：710mm×1000mm　1/16
印　　张：15
字　　数：186千字
版　　次：2022年7月第1版第1次印刷
定　　价：50.00元

本书若有印装质量问题，请向出版社营销中心调换
全国免费服务热线：400-6679-118　　竭诚为您服务
版权所有　侵权必究

PREFACE

序言

一个丈夫早逝的女人，独自含辛茹苦地带大两个儿子，这本来已是非常不易，可这个女人不仅供着孩子上了学，还创办了一家企业，建立了一个享誉全球的品牌，该品牌甚至入选了"2019中国品牌强国盛典榜样100品牌"。这一成绩不仅是个人奋斗的奇迹，还是中国民族品牌的荣耀，书写这段传奇的就是陶华碧。

1997年，贵阳南明老干妈风味食品有限责任公司正式成立，经过20多年的发展，该公司已成为日产120万瓶辣椒制品、拥有20多个系列产品的国内一流辣椒制品生产企业。掌控这个有着如此惊人成绩的公司的人，却是一个没上过学的农村妇女。陶华碧作为一名优秀的当代女性，成功地打破命运的枷锁并实现了自我的华丽转身。

为了生计，陶华碧背过黄泥，摆过地摊，开过饭店，她用坚强的臂膀扛起了贫困的家；为了梦想，陶华碧以一己之力创办了工厂，带领和她一样的底层劳动者，朝着希望不断前进。

陶华碧身上有着中国女性刚毅、有韧性和善良的品质。面对生活的不幸，她克服所有困难，让两个孩子学好文化，过上幸福生活；面对生活的考验，她百折不挠地与命运抗争，让世界看到她"逆袭"人生的勇气；面对有困难的顾客,她免费为他们提供食物,在实现自我理想的同时,也给他人送去温暖。

陶华碧和很多企业家不同,她没有文化,不懂财务,缺少人脉,看似是一个完全不合格的领导者和经营者,但是她凭借着踏实肯干的精神和以诚待人的处事原则,为"老干妈"树立了良好的品牌形象。陶华碧虽然没有得到高人指点,也没有强大的社会背景,但是她努力钻研,依靠自身的管理天赋和营销天赋,打造了一条"另类"的企业经营管理之道:她的人事制度和价格策略独树一帜,而且她不贷款、不上市、不广告、不欠别人一分钱,让企业在充沛的资金流中健康发展。曾经有人埋怨陶华碧过于保守谨慎,但她以事实证明,企业的成功没有固定的模板。她以一种"土味"的方式去理解和摸索现代企业的运营规律,硬是走出了一条截然不同的发展之路。

20多年的筚路蓝缕,陶华碧投入了人生中一段最宝贵的时光,成就了今天蒸蒸日上的事业。她把一个无名小店打造成如今的"辣椒酱帝国",将一个原本只有40人的小厂发展成拥有5000多人的大厂,其过程既曲折艰难,又光辉灿烂。陶华碧从众多企业家中脱颖而出,成为新时代女性的杰出榜样之一,她不仅证明了底层创业者能够登临事业顶峰,还证明了巾帼红颜同样能在商界打拼出属于自己的一片天空。

如今,陶华碧被人们亲切地称为"国民女神"。陶华碧的事迹会激励更多人努力改写人生的篇章,在新时代谱写新的华美乐章。

目录

第一章　人不到绝境,不知道自己有多强大 /1
　　1. 人生百味,辣最够"劲" / 3
　　2. 敢吃苦,我就配活着 / 8
　　3. 诚信待人,赚的就不只是钱 / 13
　　4. 不实惠,还有脸开店? / 18
　　5. 打通小胡同,路就不会窄 / 24

第二章　创业不是"过家家" /29
　　1. 好吃才是"老干妈"的灵魂 / 31
　　2. 选原料,就是要"吹毛求疵" / 35
　　3. 特色经营:香、浓、油多才是"辣道" / 39
　　4. 没有回头客,名气再大也没用 / 43
　　5. 自己选的路,理直气壮地走完 / 48

第三章　没有章法才是最强的章法 /53

1. 打破僵局，先存活，再盘活 / 55
2. 把活儿干了，才能发现商机 / 60
3. 做生意，别耍小心机 / 64
4. 赚钱只是你努力的结果 / 68
5. "真不二价"的定价学问 / 73
6. 不要现金"流"，只要现金"留" / 77
7. 企业文化就一个字：纯 / 81

第四章　用金杯银杯换口碑 /85

1. 不熟悉的碰都不碰 / 87
2. 口头传播，"纯天然"广告最"香" / 91
3. 来自民间的"加减营销"法 / 95
4. 我的名字就是信誉 / 100
5. 盘点神乎其神的"八大印象" / 105
6. 给人吃，安全卫生是第一位的 / 109
7. 比我价高的，都别想卖出去 / 113

第五章　"草根"企业家的暴脾气 /117

1. 打倒冒牌货 / 119
2. 商标官司耗三年，值吗？/ 123
3. 税要早点交，因为很光荣 / 128

4. 不上市，对融资就是没兴趣 / 131

5. 不贷款是不想给银行"送"利息 / 136

6. 对该骂该罚的人，绝不手软 / 139

第六章 "土味"管理更胜一筹 / 143

1. 没有董事长，只有"老干妈" / 145

2. 要的就是人情味管理 / 148

3. 讲人情不等于不讲原则 / 152

4. 谁说工作就不能快乐了 / 156

5. 家族企业照样干得惊天动地 / 160

6. 别偷懒，人不能惯着 / 165

7. 是人才，多少钱都要拿下 / 169

第七章 白手起家的商业帝国 / 173

1. 做"爆款"，高手还是在民间 / 175

2. 创业就是要拼命干 / 180

3. 把民族品牌推广到世界 / 184

4. 这才是留学生心中的"女神" / 188

5. 在国外，吃得起"老干妈"的人都是有钱人 / 191

6. 过了质量关，才算真"出关" / 195

7. 谁说规矩定了就不能改 / 198

第八章　创业绝学怎么学 /203

　　1. 不在办公室喝茶,只在厂房转悠 / 205

　　2. 该学还得学 / 209

　　3. 靠心算和直觉打天下 / 213

　　4. 格局大了,路就宽了 / 217

　　5. 不摆谱,掏心窝子待人 / 221

　　6. 拼命是为了底下那帮人 / 225

　　7. 面对挑战不能"怂" / 229

Chapter 1

 第一章

人不到绝境，
不知道自己有多强大

1. 人生百味,辣最够"劲"

人生五味,酸、甜、苦、辣、咸。酸,代表着境遇的艰辛与无奈;甜,代表着生命的喜悦与幸福;苦,代表着经历的沉重与曲折;辣,代表着命运的反转与激荡;咸,代表着生活的烦心与琐碎。每个人都或多或少体验过这五种味道,区别无非是有的人尝得多一点,有的人尝得少一点。当然,这五种味道往往不是独立存在的,它们常常混合在一起,甜里夹着酸,苦中带着咸,最后构成了复杂的百味人生。

相信很多人愿意选择甜味的一生,不过也有一种人,生来血液中就带着一股霸道的辣味,注定要体验命运的反转与激荡。

1947年,一个女婴在贵州省湄潭县永兴镇降生了。她上面有七个姐姐,家里的负担更重了。这个孩子的出世让她的父母喜忧参半。

这个女婴就是陶华碧。

虽然父母肩上的担子更重了,但他们很喜爱陶华碧,还给她起了一个小名——春梅。常言道,有小名的孩子大多是得到父母宠爱的,陶华碧在家中正是如此。

陶华碧诞生的时候正赶上解放战争时期,到她长大几岁以后,又进入到新中国刚刚成立、百废待兴的建设时期,社会仍然在动荡的余波之下,经济发展停滞,人民生活水平普遍较低,更不要说在"地无三尺平"的贵州了。出生在一个十几口人的大家庭里,陶华碧自然和那个年代的很多孩子一样,吃不饱、穿不暖是家常便饭。陶华碧经常饿得发抖,身上的衣服也都是姐姐们穿过的。每逢过年,家里人才能吃上一顿肉,但是肉不多,还不够大家伙分的。

虽然陶华碧体验着生活的苦味和酸味,但对于一个孩子来说,快乐是简单的,也是容易获得的。在山清水秀的贵州大地上,陶华碧虽然享受不到富足的物质生活,但有大把的时间亲近自然,她可以尽情地游玩在山水之间,更亲密地体验生命的活力。

生命的活力不是一种烂漫的空想,而是带着激情去改造生活。陶华碧吃不饱饭,就去山上挖野菜。她认真研究了每一种植物根茎的吃法,有的味道苦涩,有的难以下咽,也有的可以果腹充饥。不仅如此,陶华碧还带着一种美食家的心态去琢磨它们,对她来说,吃饱虽然很重要,却不是生活的全部。

既然无法每天都填饱肚子,那起码要让味蕾快乐,于是陶华碧开始琢磨如何让难吃的东西变得好吃起来。经过一段时间的摸索,陶华碧在山里找到了一种特殊的中药材,和家里种植的辣椒配在一起,竟然制作出了一种味道独特的辣椒酱。小伙伴们吃了都说好,连父母都感到惊讶,从此对这个小女儿另眼相看。

虽然辣椒酱不会改变她的生活状况,她依然吃不饱,但是有了它陪伴自己,苦涩的生活也增添了那么一点点乐趣和希望。

没尝过苦,就不懂得真正的甜;没挨过饿,就难以理解吃饱的幸福。

陶华碧尝遍了人生的五味,她在艰苦的环境中感受到了快乐,养成了一种乐观向上的生活态度。

一个人越是和恶劣的环境作斗争,其潜藏的能力就越会被激发出来,而且一旦熟练运用,就会一发不可收拾。其实,很多人之所以没有走上成功之路,不是因为能力太弱,而是因为早早对命运和生活妥协,"封印"了自己的能力。陶华碧不是这样,她硬生生地用辣味去冲淡生活的苦味,这也是她一生所坚持的事情。

除了吃饱穿暖之外,能够念书识字是另外一种幸福。然而可惜的是,在一个吃穿都无法满足的贫苦家庭里,让孩子上学是一件奢侈的事情。幸好,陶华碧的父母还是很疼爱她的,给了她一个上学的机会,让她一直读到了小学三年级,后来因为家里的经济状况实在不好,她不得不辍学。因为乡下的教学质量太差,加上陶华碧经常在家里干活导致旷课,所以即便是念到小学三年级,她仍然不认识几个字。

辍学以后,在同龄人继续接受教育的时候,陶华碧却只能砍柴、种地、做饭。她原本想成为一个有知识、有文化的人,此时却不得不做一个整天干粗活、累活、重活的农家女孩。

生活就这样一步步把陶华碧逼成一个平庸的人,此时的她和后来的强者没有一点关系,她只能被命运和生活裹挟着,在自己并不愿意走的那条路上缓慢前行。

20岁那年,陶华碧在父母的主张和媒人的撮合下,跟地质队的一个会计结婚了。熟悉的剧情、寻常的剧本,落在了陶华碧的身上。不过这段婚姻并非那种传统意义上的包办婚姻,也没有加入苦涩的调料。陶华碧的丈夫人还不错,和她的感情也很好,在命运的眷顾下,他们过着还算幸福的小日子,有两个可爱的儿子。

说起陶华碧的丈夫所在的地质队，它可不简单，它的全称叫"国家第二机械工业部206地质工程队"，而第二机械工业部就是后来的核工业部，所以从当时的情况来看，陶华碧的人生似乎正在往好的方向发展。

陶华碧的丈夫大小算个文化人，写一手好看的毛笔字，算盘打得飞快，是一个非常有生活品位的人。陶华碧在和丈夫的相处中学到了不少知识，丈夫也没有因为她没什么学问而看不起她，而是给予了她很多的爱。

在照顾两个孩子之余，陶华碧没有甘当家庭主妇，而是去工地上当临时工。她选的工地都在丈夫的地质工程队附近，工地上的活都是重活，陶华碧抡起八磅大锤去碎石，也做整平机场的重活儿。只要男人能干的，她一样能干。

陶华碧的吃苦耐劳和丈夫的兢兢业业，让这个四口之家的生活逐渐有了起色，和其他家庭相比已经不差了。如果按照这个剧情发展，那么陶华碧的人生也会有一个普通而圆满的结局，然而命运对她的垂青似乎是暂时的，她品尝了不久的甜味很快就变成了苦与酸。1984年，她的丈夫因为患有严重的肺气肿而住院，丧失了工作能力，家里的顶梁柱顿时倒了。

这时的陶华碧没有正式工作，家里主要的收入来源是丈夫每个月30元钱的补贴。她不仅承受着可能失去爱人的痛苦，还面临着巨大的经济压力。让人揪心的是，丈夫意识到自己已经从家庭支柱变成了累赘，甚至一度想要放弃生命，好给妻子和孩子减轻负担。重情重义的陶华碧怎么能接受？她紧紧握着丈夫的手表示，只要她还在，这个家就不会垮。

治病是一个无底洞，为了填满这个洞，陶华碧毅然决然地作出一个决定——去广州打工。

生活是最好的大学,它能够教会你在书本上学不到的知识和经验;然而生活也是最残酷的大学,因为它为了让你变得更强,会采取一切手段逼迫你。陶华碧"就读"的"生活大学",在她人生的新阶段伊始,就给她上了令她终生难忘的一课。

2. 敢吃苦,我就配活着

2020年,"打工人"突然成为一个火爆的热搜词,这个词单从字面上看,并没有什么新鲜的,但是把所谓的"蓝领""白领""金领"都统称为"打工人",有着很强的话题性,引起了无数人的共鸣。

"打工人"往往漂泊在外,孤身奋战在陌生的城市。一个人孤立无援,没有退路,能在偌大的城市中走完余下路程的,在心态上早已变成"王者"。

陶华碧就是一个打工的"王者"。

为了给患病的丈夫攒钱治疗,为了供两个孩子读书,陶华碧在广州开启了一段"打工人"的生活。她在这座城市慢慢探索时,首先感受到的就是漂泊无根的感觉。和她一起劳动的工友们,大多也背负着沉重的生活压力,而工友之间既熟悉又陌生,大家每天都挤在狭小的工棚里,心与心之间却隔着从广州到家乡的距离。

陶华碧知道出门在外,不能不结交朋友。陶华碧手头拮据,能省的钱一分也不敢多花。每次吃饭,她都拿出自己酿制的辣椒酱,然后就着馒头吃上一顿,而像她这样的工友还有很多。陶华碧经常把辣椒酱分给这些舍不得吃菜的人,大家都说好吃,渐渐地和陶华碧拉近了距离。

陶华碧一面打工,一面惦记着家里。她担心丈夫的病情会恶化,也担心两个孩子吃不饱饭,所以每到收工之际,她脑海中浮现出的都是家乡和亲人。然而,陶华碧最不愿看到的事情还是发生了——丈夫最终撒手人寰。

两个孩子无人照顾,陶华碧只好从广州回到贵州老家。这一次,她虽然离开了大城市,没有了孤独感,危机感却降临了。一个没有什么技能的女人,带着两个年幼的孩子,怎么生活?陶华碧在情绪失控的时候想过死,可缓过神以后发现,死比活着更容易。只有弱者才会主动寻死,更何况她还有两个儿子需要照顾,自己是他们唯一的依靠。

爱人的离世让陶华碧被迫接受生活的考验。对她来说,她不仅是一个要替亡夫还债的遗孀,还是一个要抚养两个儿子长大的母亲。日子一天一天过去,两个儿子长得越来越高,花钱的地方自然也多了起来:吃饭需要钱,上学需要钱。他们还想和其他的孩子一样,有零花钱买玩具和零食,但这对两个孩子来说是一种奢求。

两个孩子虽然无法像同龄人那样,享受双亲的疼爱和拥有富足的物质生活,但是他们始终没有失去母爱。陶华碧不能给儿子名牌衣服,也不能给他们昂贵的玩具,甚至连像样的饭菜都不能提供,但是她能给他们最宝贵的爱。陶华碧每天都因操劳而身心俱疲,可她面对两个孩子的时候,从来都是有耐心的、宽容的,即便孩子犯了错,也舍不得大声训斥他们。她倒不是溺爱孩子,而是这两个孩子跟着她吃了太多的苦,已经比同龄的孩子懂事许多,她实在张不开嘴,更下不去手。每到深夜,陶华碧总能想起丈夫生前交代她的话:千万不要虐待孩子,一定要让孩子读书。

后来，当陶华碧回忆起这段日子的时候，从来都是以坚强形象示人的她忍不住流下了眼泪。她当时实在是太难了，丈夫的去世已经给她带来了沉重的打击，她的娘家也穷得帮不上忙，其他亲戚更是自顾不暇，没有人能帮得了她。

人在面对经济问题时，通常有三个解决方案：开源，节流，或者双管齐下。对穷人来说，节流远远比开源更现实。对一般人来说，陶华碧的两个儿子再长大一点，也能外出打工来养活自己了。然而，陶华碧没有选择节流，她从没说过让孩子们退学的话，因为她知道这不是节流，而是"断流"。孩子们不能没有文化知识，现在节流，有可能会毁掉他们的一生。

陶华碧决绝地选择了开源，这意味着她要经受更大的磨难。

生活的磨难能把人变成强者，而对于一个原本就羸弱的女人来说，这个蜕变的过程更为激烈，甚至是惨烈。陶华碧从漂泊在外乡的"打工人"，变成了留守家乡的"打工人"，身份没变，但她的压力更大了，她需要更强大的心脏。这时候的孤独是更令人失神的孤独，不是看不到家乡月亮的那种孤独，而是回到家乡也于事无补的孤独。

丈夫过世以后，陶华碧想尽一切办法赚钱。因为做的是小本生意，所以凡事都得亲力亲为。她每天天不亮就去进货，然后摆摊卖早餐，到了中午也不能休息，还得继续招呼客人，晚上又要熬夜做米豆腐，等到她收工时，经常一看表，已经是凌晨一两点钟了。

每一天对于陶华碧来说都是重复的，这种重复中充满了苦涩。有人觉得，一个女人出来摆摊挺没面子的，可是对于一个身处底层、为生活用度而辛苦奔波的母亲来说，只要能用自己的双手养活一家人，就是最大的面子。

陶华碧累吗？当然累，但是比累更不能接受的是恐惧。她害怕没钱交学费,她害怕一家人吃不饱饭。为了让自己不再恐惧,她什么苦都愿意吃,什么罪都能受,正如她曾经说的那句话:我不坚强,就没得饭吃。

事实证明,陶华碧的开源之路是正确的。孩子们个个懂事,没有辜负母亲的辛苦付出——小儿子在学校拿到的奖状还被她骄傲地贴在了墙上。

因为陶华碧每天早出晚归地工作,街上的商贩没有不认识她的。黄瓜的进货价是3角钱一斤,别人卖1元钱一斤,她却只卖5角钱一斤。她不是有意搞"价格战",而是因为她觉得顾客赚钱也不容易,所以情愿便宜卖。长此以往,找她的熟客越来越多。尽管如此,陶华碧一家仍然入不敷出。

陶华碧身边的人总是劝她再觅良缘,毕竟她才30多岁,以后还有很长的路要走,而且找个为她遮风挡雨的人,能减轻她的不少负担。

旁人也是为陶华碧着想,但她不这么认为。她不愿意把丈夫生前欠下的几万元债务落在一个不相干的人身上,更不能把两个儿子未来念书的巨大开销转给没有血缘关系的人。她虽然是个女人,但一样能挑起生活的重担。最后,陶华碧用一句话打发了劝她的人:要嫁人,也要等把两个孩子培养成才再说。

陶华碧说这句话的时候,两个孩子还在念中学,前路漫漫,以后怎么办呢?结果,陶华碧真的把这样一句看似天真的话变成了现实。她一个人把两个孩子拉扯大,甚至为了让孩子吃饱,她选择自己饿肚子。

不管生活有多难,陶华碧都打定主意让孩子变成和丈夫一样有文化、有修养的人。为了达到这个目标,陶华碧不分昼夜地操劳着。白天,她去工地上找活干,晚上回到家里熬夜做"素粉"。素粉是贵阳当地人比较喜欢吃的一种早餐,和常见的凉粉、凉面差不多,只是贵阳的米粉因为水质和工艺的原因,总是带着一股酸味,所以又叫"酸粉"。

也许有人会问,叫"酸粉"可以理解,"素粉"这个名字是怎么来的?顾名思义,"素粉"就是不加任何佐食材料的粉,"素粉"里连一片菜叶子都没有,那么这样的食物如何吃得下去呢?答案就是用上好的油辣椒佐粉。

制作辣椒酱是陶华碧的拿手好戏。她制作的油辣椒味道独特,总是能吸引不少回头客上门。贵阳地方不大,属于内陆消费型城市,当地人发现一道美食之后,就会口口相传。哪怕是不起眼的街边小摊,也代表着当地的饮食文化特色。陶华碧的小摊受到越来越多的人的追捧,成了贵阳的"名摊"。

在这段摆摊的日子里,陶华碧总算熬过了人生中最难的几年。如果说后来的陶华碧有雄心壮志,那么此时此刻她想的事情其实很简单,那就是不被饿死。因此,回看成功者的传奇经历时,不要忘记一个惨痛的事实,那就是他们往往没有退路,所以只能一往无前。

在千万个"打工人"中,陶华碧或许不是最辛苦的一个,她不过是这些人的缩影和代表。这些"打工人"绝大多数并没有陶华碧后来的成就,不过他们和陶华碧一样,在这五味兼备的人生百态中,展现出了一种难能可贵的拼搏精神。

"打工人"要面对种种难关,他们并非生来就准备吃苦,但挺过难关,才可能从"打工人"变为"王者",扫除心中的不安,让吃过的苦头都变得有意义。

3. 诚信待人，赚的就不只是钱

做生意，赚的是顾客的钱，所以才有了"以顾客为中心"这句话，但在现实中，真正围着顾客转的卖家并不多，更多的卖家是把顾客当成"摇钱树"，所以才有了"从南京到北京，买的没有卖的精"这句话。一些所谓"精明"的商家，总是想方设法从顾客身上"薅羊毛"，甚至不惜突破底线。那么，顾客真的像卖家认为的那么傻吗？当然不是，无非是有些顾客在发现卖家不地道之后，就选择了"再也不见"。突破底线的后果总是由卖家来埋单——流失客源。

陶华碧对顾客一直抱着诚恳之心，从来不会欺骗顾客，同样，她对身边的其他人也坦诚相待，从来没有耍过心机。没想到，正是陶华碧诚信待人的态度，让她有了意外的收获。

有一次，陶华碧的儿子生病，她手头没有钱，只好硬着头皮找一位姓杨的老师借了一百元钱。几天以后，陶华碧攒够了一百元钱，就急着想要还给人家，毕竟那个时代，大家都不富裕。这也成了陶华碧一生坚守的准则：能不借钱就绝对不借，因为借钱以后睡不好觉。单从这一点，就能看出陶华碧始终坚守自己的底线,和那些惯于坑蒙拐骗、投机取巧的人形成了鲜明的对比。

罕见的是,欠债的比债主还着急。当初,陶华碧向杨老师借钱的时候,甚至都忘了问对方在什么单位工作,她费尽周折才打听到对方是在航天器材技术学校上班。她怀揣着一百元钱去找杨老师时,却得知对方已经出国了,要好几个月后才能回来。

折腾了足足一天,陶华碧身心俱疲,在离开杨老师的单位以后,她才发觉自己已经饿得前胸贴后背了。正巧不远处有一个冷面店,她就在那里坐下来,要了一碗冷面。因为对餐饮行业很感兴趣,陶华碧就一边吃一边打量着这家小店。当时正好赶上饭点,可是来吃饭的人并不多。陶华碧咀嚼着并不怎么好吃的冷面,似乎明白了顾客少的原因。于是,陶华碧对这家店的女老板说:"你们家的面做得不够地道。"老板一听,觉得陶华碧是个行家,就问该怎么办。陶华碧笑笑说:"我教你几个法子,看看行不行?你看,这面要蒸出来的才劲道,水煮的就差一些。还有,米豆腐里面放的石灰有点多了,硬邦邦的。你这辣椒油也不太好,火候没到就起锅了,吃起来不香。"

女老板听陶华碧这么专业地分析了一通,恍然大悟,总算明白为什么没有回头客了,于是马上要请陶华碧到店里帮忙,陶华碧摇摇头,表示她自己也有摊子要摆。女老板不依不饶地表示,既然陶华碧看出了问题,那不如好事做到底,她还说肯定不会亏待陶华碧。

本来同行就是冤家,陶华碧没有义务管别人生意的好坏,但是她心肠软,见对方也是一个女人,难免感同身受,就答应了。除此之外,陶华碧也是为了能多赚点钱,毕竟两个孩子的开销越来越大,这几年为了还债,也没有攒下什么钱,多一笔收入自然比没有要强。

从这一天开始,陶华碧每天在家里做好了凉面、凉粉和辣椒油,就给女老板送去。女老板一尝就知道陶华碧是个高手,特别是陶华碧做的辣椒油,和冷面、水豆腐一起吃,味道实在不同凡响。渐渐地,女老板靠着陶华碧的手艺,吸引了越来越多的客人,原本半死不活的生意逐渐兴隆起来。

如果换成别人,或许不会像陶华碧这么"死心眼"地帮助别人。陶华碧拿出了自己的绝活,很容易被有心者偷学过去,但是陶华碧没有这么多小心思。在她看来,既然对方诚心邀请自己帮忙,就应该拿出真本事去帮助别人,这种以诚待人的态度确实难得。

几个月以后,杨老师从国外回来,此时的她,早就忘了借给陶华碧一百元钱的事情,然而陶华碧每天都惦记着。当她把钱塞到杨老师手里时,杨老师因为知道陶华碧带着两个孩子有多么不容易,原本不想要,然而陶华碧的犟劲上来了,杨老师只好收下钱。随后,杨老师问起陶华碧的情况,陶华碧愁眉苦脸地表示自己的经济压力很大,杨老师见她强忍着眼泪,也就不再追问了。

此时的陶华碧,虽然每天从早忙到晚,但她的生活并没有得到实质性的改变,她仍然需要很多钱去满足这个三口之家的开销。不管她多么勤快、多么辛苦,账本还是入不敷出,她的收入不过是杯水车薪,但是忙起来以后,陶华碧能暂时忘掉生活的烦恼,在炸辣椒、和面、蒸冷面中寻求到一丝安慰。

女老板的小店靠着陶华碧的辣椒油招揽了不少客人。在盛产辣椒的贵州,当地人都喜欢吃炸辣椒、腌辣椒和泡辣椒,这些就是餐桌上必不可少的开胃菜,加上贵州天气多变,吃辣椒又成为预防疾病的重要方法,所以只要辣椒做得好,就能抓住顾客一半的心。

一天，陶华碧因为连续忙了几天，身体不太舒服，实在没有力气去熬制辣椒了，就把做好的冷面和凉粉给女老板送了过去。谁知到了下午，女老板告诉陶华碧，有几个顾客专门过来品尝她的辣椒酱，陶华碧抱歉地表示实在没做出来。后来，女老板的儿子在角落里找出一点陶华碧以前送给他们的辣椒油，这才安抚了顾客。顾客结账的时候，又求老板送他们几瓶辣椒油，老板只能无奈地表示真的没有了。

陶华碧得知这一切后，并没有什么成就感，因为在她看来，一瓶小小的辣椒油卖不了几个钱，和她肩上背负的经济压力相比简直不值一提，不过是她给生活调味的小特长而已。殊不知，正是这看似寻常的辣椒油，在日后改变了陶华碧的人生。

一转眼，陶华碧的大儿子李贵山已经高中毕业了，但是他没有考上大学，也不想复读。他不想给家里再增添负担，最后毅然决然地去当兵了。陶华碧心里很不舒服，她宁可自己再多吃一点苦，也希望孩子能上大学，但是李贵山觉得母亲一个人苦撑着这个家实在太难了，所以坚决不打算复读。

大儿子的求学之路中断了，陶华碧十分无奈，只好将剩下的希望全部寄托在小儿子李辉身上。和哥哥相比，李辉天生就有一股书卷气，喜欢写写画画，学什么东西都很快，但李辉可不是一个书呆子，只要学业不繁重的时候，他就会去街上替母亲看摊。陶华碧每次都会把他赶走，因为她不想让孩子耽误学习，然而李辉倔强地表示，自己可以一边看书一边看摊，还说毛主席当年为了锻炼意志力，特意去长沙的闹市上去读书。

儿子越是懂事，陶华碧就越是心疼，因为她一个人有时候真的忙不过来，孩子偶尔过来帮她，也的确为她分担了不少工作。这时候，陶华碧想清楚了一件事：如果继续这样苦熬着过日子，虽然不至于饿死，但家里的经济状况绝对不会发生质的改变,万一懂事的小儿子考上了大学,却没钱念书怎么办?

钱,归根结底,所有的问题还是和钱有关,陶华碧琢磨着如何赚更多的钱。就在这时,杨老师找到了她。原来,杨老师一直记挂着陶华碧,特别是在上次见面之后,她觉得陶华碧目前的生活没有什么光明的出路,于是她劝陶华碧开个饭店,肯定比现在收入多。

当时正是1989年,虽然已经进入改革开放的年代,但贵州的营商环境和思想观念自然比不上东南沿海地区,更不要说陶华碧本人一无资金、二无技术了。陶华碧虽然一直在摆摊,但在她眼里,摆摊就是打工,而开店则是做生意,这对她来说实在太有挑战性了。然而,杨老师态度坚决,她认为陶华碧还是应该给自己当老板,而且她相信陶华碧有能力经营好饭店。陶华碧犹豫片刻后表示,周边的饭店已经不少了,她现在开饭店还能拉到客人吗?杨老师一本正经地反问她,不去试试,怎么知道呢?

在杨老师的鼓励之下,陶华碧终于打定主意开店。她想明白了,唯有走出舒适区,破釜沉舟,才有机会就此改变命运。她已经在绝望的边缘,后退已经无路,而前进,说不定能柳暗花明。

4. 不实惠，还有脸开店？

性价比是老百姓最为看重的东西，只要涉及消费，就会有人对产品和服务的付出与回报进行认真的对比，上到买房买车，下到吃饭睡觉，所以，面向底层消费者，必须要让实惠成为吸引消费者掏钱的主要原因。

其实，消费要考虑性价比，做生意同样要考虑性价比。穷则思变的陶华碧决心改变自己和孩子们的命运，于是她听从杨老师的建议，开了一家属于自己的小店。开小店的投入不多，回报很快，对于一个带着两个孩子的单身母亲来说再合适不过了。

在那个年代，没有上过几天学，也没有见过多少世面的陶华碧，敢于走出摆摊的"舒适圈"，开一家小店，这恐怕没有几个人做得到。说起来，这和陶华碧的成长环境有关。

陶华碧从小生活的永兴镇，虽然只是一个在地图上不起眼的小地方，但是这里拥有浓厚的商业氛围，和中国其他的农村乡镇不同，永兴镇在贵州省是出了名的商业重镇，这里盛产茶叶、大米、辣椒等作物，同时还占据较为重要的地理位置，是贵州北部通向贵州东部、湖南西部的中转站。陶华碧虽然家里没有什么生意人,但是常年在这种环境中成长,肯定会受到一些有益的熏陶,而一个人走投无路的时候,会本能地选择自己最熟悉、最有把握的事情。

当然,陶华碧的开拓思想还和浙江大学分不开。在抗日战争时期,曾经有过沦陷区高校迁到内地大后方的潮流。1940年,浙江大学迁到了湄潭县,永兴镇分担了浙江大学部分师生的接待工作。尽管浙江大学只在这里办了七年,但是它所传播的进步思想确实让当地百姓增长了见识,陶华碧也是其中的受益者之一。

1989年,陶华碧在龙洞堡开办了一家名为"实惠饭店"的路边小店,店里只能容纳两张桌子。当时没有举办开业典礼,甚至连一个花篮都没有,可谓寒酸到了极致。小店尽管规模很小,但和路边摊也有了本质上的不同。不过,陶华碧肩上的重担丝毫未减,因为一个人操持一家店并不容易。

为了确保食材新鲜、安全,陶华碧每天早晨都要去5千米之外的贵阳市区进货。当时,陶华碧基本上是步行往返,这倒不是因为她舍不得花钱坐车,而是因为她每次进货都要背一个大背篼,司机觉得占地方,所以不愿意让她上车。因此,每一次进货对于陶华碧来说,都是一次身体上的折磨,肩膀经常要磨掉一层皮,脚底也会磨出茧子。除此之外,因为需要经常接触卤水,陶华碧的双手灼伤严重,一到春天就会大面积地脱皮。

实惠饭店刚开张的时候,很多路过的人并没有把它当成饭店,因为它实在太小、太简陋了,但是他们一踏入这家店,就能看到一身朴素着装、脸上带着同样朴素笑容的陶华碧,很有亲切感。虽然店面不大,但是这里的桌子和凳子总是一尘不染,永远都擦得干干净净,而陶华碧也穿着整洁的白围裙,不是在案板前切菜,就是在锅灶前炒菜。这种认真经营的态度,很快就吸引了一大批人过来用餐。

因为龙洞堡紧挨着地质工程队的工地,所以这一带有很多工人和司机,便宜好吃的小饭店自然是他们果腹的首选。更重要的是,陶华碧真的对得起"实惠"二字,她会在桌上摆放附赠的小菜,虽然不是什么硬菜,但都是陶华碧秘制的"下饭神器",包括风味豆豉、风味油辣椒、豆腐乳等等。这些佐餐小菜成了吸引回头客的关键。在那个年代,能够想出这种经营策略的人屈指可数,所以,这家小店很快就俘获了大批的顾客。

当然,实惠饭店的实惠不仅仅体现在赠送的小菜和辣椒酱上,还体现在菜和饭的分量上。当时,陶华碧看到很多同行为了赚钱,给的饭根本不够一碗,虽然这样做能大幅度地节省成本,顾客却根本吃不饱。在陶华碧看来,一个人如果连饭都吃不饱,就不可能有任何幸福感。毕竟,陶华碧就是在忍饥挨饿的环境中长大的,她太了解吃不上饭的恐怖了。陶华碧觉得既然干的是餐饮行业,就必须让顾客吃饱,只有这样才能对得起"实惠"的招牌,吸引更多的客人。

陶华碧给的分量有多少呢?别人家的凉粉和冷面都不足一碗,但陶华碧的碗不仅比别人家的大,而且还总是盛得满满的。到她饭店用餐的人大多是路过的货车司机,他们原本就十分辛苦,经常饥一顿、饱一顿的,因此一旦有机会吃饭,总是胃口大开。如果去别的饭店,一碗凉粉加一个饼都不够吃,而在陶华碧这里,一碗冷面差不多就能吃饱了,更不要说让人吃过就难以忘记的辣椒酱和辣椒油了。

不过,实惠总是有代价的,同样卖出去一碗面,别人如果能赚一元钱,陶华碧就只能赚五角钱,因为她给的分量实在太足了。因为客流量很大,她不得已雇了一个小工,成本就更高了,所以每个月的收入也就是仅有盈余。于是,不少人劝陶华碧,做生意就不要这么实在,总不能赔本赚吆喝吧？可是，陶华碧根本不听劝，她说自己就是这种实在人，她做不到不给客人足够的分量，不给免费的辣椒油也做不到，她就是赚不了几个钱，也要让顾客吃饱。

越是被人劝，陶华碧反而越大方，她店里的辣椒油罐子经常敞开着，客人吃完了之后，还会拿走一些，她也不管。虽然这又额外增加了不少开销，但很多司机都因此记住了实惠饭店，他们带着陶华碧做的辣椒油，就着干粮吃，总觉得越吃越香。

实惠饭店不仅待客真诚，还播撒出爱心。

当时，实惠饭店挨着一所学校，不少学生会到小店里吃饭，已为人母的陶华碧对这些孩子格外照顾，把他们当成自己的孩子。孩子们吃饱了，学习的劲头也就更足了。有一个叫欧阳梓刚的学生，他不爱学习，每天只会打架斗殴。在一般人眼里，这样的孩子躲着还来不及，然而陶华碧很心疼他，她认为这个孩子本质不坏，就是缺少教育和引导。所以，每次欧阳梓刚过来吃饭，陶华碧都会苦口婆心地教育他，告诉他如果现在不努力学习，长大后就很难在社会上立足。可是，陶华碧像是对牛弹琴一样，她说的话对欧阳梓刚毫无作用。后来，陶华碧了解到，欧阳梓刚的家里非常穷，兄弟姐妹一大帮，父母每天忙着赚钱，根本没有时间和精力教育孩子，欧阳梓刚有时甚至连饭钱都没有。

陶华碧了解到这一切以后，顿时回想起了自己的童年，她知道生在穷人家是什么感觉，也知道吃不饱饭会让人有多么恐惧。从此以后，只要欧阳梓刚来店里吃饭，陶华碧就不收他一分钱，终于有一天，欧阳梓刚吃完一碗冷面以后，忽然叫了陶华碧一声"干妈"。

其实，陶华碧不仅对欧阳梓刚付出了爱心，还给每个到店里吃饭的孩子带去了温暖：

忘带钱不要紧，可以随时赊账，即使忘了，陶华碧也不会讨要；衣服破了，陶华碧还会拿出针线给他们补上。

在陶华碧的关爱和鼓励之下，欧阳梓刚开始努力学习，他甚至发誓：等到他有出息了，他一定要让干妈的饭店成为贵阳最大的饭店！结果，欧阳梓刚真的出息了，他长大后成了一家茶叶公司的副经理，还当上了贵州省长顺县的政协委员，可当他想让干妈的饭店焕然一新时，才知道干妈已经成为贵州省的首富。

有一些贫困家庭的孩子到她的店里吃喝，陶华碧也不好意思要钱，她认为几个孩子吃不穷她的店，真的想要赚钱，还是要吸引更多的顾客，而吸引顾客的关键就是提高饭菜的质量。

一个没有受过专业训练的大厨如何提高饭菜的质量呢？陶华碧只能在口味上下功夫。店里主要卖的是冷面和凉粉，靠的是佐料，而陶华碧的佐料是同行中最全的，有加了风味豆豉的辣椒油，有辣豆瓣干，有风味腐乳和红油腐乳，还有香辣菜、辣三丁和油辣椒等等，而别的店里不过是普通的胡椒、香菜和酱油罢了。时间一长，冲着丰富的调料而来的人更多了，有些孩子为了省钱，甚至自己带着馒头过来蘸酱吃，陶华碧也从来不责怪。

陶华碧是一个合格的商人，也是一个不合格的商人。说她合格，是因为她懂得顾客想要什么，知道如何为他们提供对味的美食酱料；说她不合格，是因为她实在不把钱当回事，用现在的流行语讲，就是"用爱发电"。

1994年，龙洞堡附近的环城公路开始施工，南来北往的司机和工人更多了，陶华碧的生意也更好了，但总有些人顺手拿走这里的辣椒酱带回去吃，所以随之而来的烹制辣椒酱的压力更大了，以至于陶华碧要趁着晚上连夜做辣椒酱。有一个星期日，店里的客人很少，陶华碧闲着没事，就去别的店里转悠,发现他们的生意都不错,再仔细一看,发现这些店的调味佐料都是她平时赠送出去的,她这才意识到自己成了其他饭店的免费"供应商"。

原来,这些饭店的经营者知道陶华碧的辣椒酱很好吃,就托人偷偷地拿回来给自己的客人吃。他们看到陶华碧察觉了这一切时,自然也觉得不好意思,有人甚至提出建议,让陶华碧直接开一个调味品店得了,这样对大家都好。

对这个意外的插曲,陶华碧是没有任何思想准备的。本来,实惠饭店在她的用心经营下,逐渐声名远播,她的经济压力得到了缓解,生活水平相比过去提高了一点,但也不过是刚刚过了温饱线,如果一辈子只靠着一家半卖半送的小店,陶华碧的生活就会止步不前。既然大家都喜欢她的辣椒酱,那干脆就直接卖辣椒酱!

5. 打通小胡同，路就不会窄

人总要做很多选择，有时候选的是大路，有时候选择了小胡同。小胡同不仅会限制人前进的速度，还会阻挡人眺望远方的视野，当人有勇气打通小胡同的时候，摆在面前的就可能是一条康庄大道。

也许成为"免费辣椒酱供应商"这件事只是一次意外，但1994年的时代环境注定陶华碧的生意要转型。这一年，中国改变了传统社会对商业冷眼相待的态度，反而把它当成了搞活市场经济的重要手段，因此，不仅出现了一大批小商小贩，还出现了一批在业余时间"练摊"的知识分子。很多小老板也和陶华碧一样，从开小门店开始，逐渐奋斗成大企业家。一时间，到处都是一派欣欣向荣的经济发展美景。

当然，陶华碧走下海创业这条路，也不是一开始就打定了主意的，毕竟这一回的创业成本要远远高于过去。要知道，实惠饭店并没有让陶华碧攒下很多钱，她只把其中一部分钱用来简单装修了一下门面，剩下的钱都小心翼翼地存着。

陶华碧也曾经尝试着改变一下自己的"实惠路线"，她开始有意识地控制油辣椒卖出去的数量,避免被别的饭店拿去招待客人。但是从长远来看,这种做法是不符合市场发展规律的,毕竟陶华碧再勤劳肯干,她那一家店也接待不了多少顾客。她最拿手的辣椒酱是吸引顾客的利器,一旦搞自我封闭,就无法满足大多数顾客的需求。当然,不可能每个经营者都能清晰地认识自己当前的处境,陶华碧也只是从最朴素的角度出发来保护她的胜利果实。但是,人的观念是可以转变的。

随着改革开放的脚步加快,各种优惠政策陆续出台,稍有经济头脑、敢于冒险的创业者都赚到了钱,个体户已经不算稀奇了,更多的民营企业家如雨后春笋一般冒出来。看到这些人,陶华碧的心也开始动了:别人能白手起家赚钱,自己为什么不行呢?更何况,她的辣椒酱确实好吃。

1994年11月,实惠饭店正式改名为"贵阳南明陶氏风味食品店",主打的产品就是辣椒酱。

一个人的力量或许可以很强,但个人的命运是依附于国家的命运的,如果时光倒退十几年,陶华碧是绝不可能走上下海经商这条路的,国家发展的大方向和政府的开明政策是成就成功企业家的外部条件。

除了外部条件,陶华碧个人的最终决策也是推动她从平凡走向成功的关键。虽然有朋友支持她创业,有顾客愿意给她捧场,但如果真的走错一步,为错误买单的那个人还是她自己。陶华碧并不是单单出于羡慕才经商的,她也是经过了一段时间的深思熟虑的。她回顾了实惠饭店的营业经验,几乎每一位顾客都喜欢她烹制的辣椒酱,这些消费者代表着市场的声音:她的辣椒酱很受大众欢迎,具有很大的市场潜力。

创业不是只凭一股冲劲就能完成的,陶华碧经过了对信息的收集和整理,最后得出了一个正确的结论,那就是她卖辣椒酱的发展前景要远远好于开一家小饭店。小饭店满大街都是,"老干妈"的辣椒酱却只此一家。

创业者需要冷静分析，而冷静分析的过程又需要时间，陶华碧在思考要不要下海经商这个问题上，足足花费了两年的时间。或许，放在今天，一些人会嘲笑她畏首畏尾，但实际上，谨慎才是一个创业者应有的态度。如今，有些创业者在短时间内就"跑步"进入市场，可他们往往依靠的是各种融资手段，在一定程度上转移了风险，但陶华碧不同，她的试错成本很高，她不允许自己失败，所以她必须做好调查分析，把创业的风险降到最低。

创业者除了拥有理性的思维之外，也需要发现自己的优势。有些创业者眼高手低，对寻常的创业项目不感兴趣，也不知道自己擅长什么，什么火爆就跟风什么，什么听起来"高大上"就去做什么，如果让他们来选择，相信一大半的人都不会做辣椒酱的生意。但是，陶华碧能够认清市场，更能发现自己的优势在哪里。在餐饮行业中，辣椒酱确实不算什么高端产品，但是对于普通老百姓来说，辣椒酱是佐餐不可缺少的小料，很多饭店也用辣椒酱招揽回头客。其实，只要用心深耕，一罐辣椒酱也能成为走向国际的大品牌。

眼界决定格局，性格决定命运。陶华碧是一个生性保守的人，也没有受过高等教育，所以让她去做跟风的创业项目是不现实的。她身上有着中国劳动人民最优秀的品质——勤劳、善良、质朴和有韧性，这些品质与辣椒酱这种亲民的产品非常匹配，陶华碧的个人形象也是和蔼可亲的，这种适配性是其他创业者所无法比拟的。慢性子的创业者选择了快消品产业，"暴脾气"的创业者选择了服务行业，都是没有匹配自己性格的错误决定。

认清市场，认清自我，听起来很容易，实操起来却并不容易。很多人内心浮躁，习惯一切"向钱看"，而不是老老实实地摆正自己的位置。归根结底,优秀的创业者首先应该研习的不是经商绝学,而是处世之道,要先了解自己和他人,并学会与他人建立关系并维护关系,发现自己身上的长处和短板,进而考虑清楚创业的方向。

陶华碧在长期和顾客打交道的过程中,既展现了她的真诚和热情,也暴露了她心肠软的缺点,所以她的创业方向一定是能让顾客感觉到"用心"的产品,同时也不宜掺杂太过激烈的市场竞争,过度的市场竞争可能会让陶华碧受挫。

当一个人的思维发生转变以后,行为自然也会跟着变化。经过两年的思考和准备,陶华碧决定把步子迈得更大一些。既然专心做辣椒酱,那一个小小的风味食品店怎么足够?必须扩大规模,变成有生产能力的工厂!

此时的陶华碧已经是箭在弦上,不得不发。她既然决定要"一条路走到黑",就要用更多的付出和更大的突破来改变现状。她的潜能被进一步激发出来,在这个过程中,陶华碧逐渐有了野心,她准备尝试更大的挑战,因此她必须跨过所有阻拦她前进的障碍。

Chapter 2

第二章

创业不是"过家家"

1. 好吃才是"老干妈"的灵魂

一个品牌的灵魂是什么？有人认为是文化，也有人认为是情怀，其实每个品牌的灵魂内核可能存在差别，科技类的要以技术为灵魂，服务类的要以理念为灵魂，而作为食品类的"老干妈"，其灵魂就是要回归食品的本真——好吃。

贵阳南明陶氏风味食品店开张以后，生意兴隆，龙洞堡一带的饭店都到这里进货。对于这些老板来说，过去偷着拿辣椒酱虽然不花钱，但心里确实过意不去，现在光明正大地进货，不仅面子上过得去，还能大批量地进货以满足每天的待客需求。以前受过陶华碧恩惠的学生也帮助她宣传，他们动员父母买上一些辣椒酱尝尝，那些路过的司机也是几瓶几罐地买，一时间辣椒酱的销量非常可观。

销量增加以后，陶华碧的工作量也增加了。为了进原料，她要从十多千米之外的油榨街购买石灰，有时候还要自己背回店里，以至于她不得不浑身上下都贴着膏药以缓解疼痛，不过她仍然坚持下来了。

在外人看来，陶华碧现在有了一家像模像样的店，不愁客源，经营稳定,应该可以过得安逸一些了,不如多雇几个人给自己打打下手,总比过去操持一家小饭店要轻松一点。更何况,两个儿子越来越大,多少能够帮家里分担一些活,用不着那么拼命。但是,陶华碧不这么想,安逸的生活谁都向往,可安逸的代价很高昂,特别是经商。你不向前跨出一步,别人就会上前一步,最终把你远远甩到身后。陶华碧刚刚从一穷二白的境况中走出来,她必须保持斗志。她不想再回到一无所有的起点。

转眼间,调味品店已经经营了两年,陶华碧不仅适应了高强度的工作,还越战越勇,她觉得这家小店的产能实在太有限,远远不能满足她的"胃口"。既然大家都爱吃她的辣椒酱,那理应向市场大批量地推广,所以她决定开一个辣椒酱工厂。

陶华碧可不是过度自信,这两年里,她的回头客越来越多,跑长途的司机离不开辣椒酱,学生和家长尝了辣椒酱以后也非常喜欢,久而久之,南来北往的人都知道了陶华碧的这家小店,哪怕跑上几十千米也要过来买上几瓶。

1996年7月,陶华碧借用南明区云关村村委会的两个厂房,雇用了40个工人,开了一家辣椒酱工厂,辣椒酱的名字就叫"老干妈"。事实证明,陶华碧这一步走对了,她的辣椒酱没有人不喜欢。

"老干妈"辣椒酱好吃,它是一种接地气的美食,是一种让人觉得亲切的美食。吃馒头可以蘸"老干妈"牌风味豆豉油制辣椒,吃饼可以卷上"老干妈"牌干煸肉丝油辣椒,煲汤可以加一点"老干妈"牌风味糟辣椒,就连吃火锅也有"老干妈"牌的火锅底料。不管你吃什么,总能用上"老干妈"牌的产品,这些看似简单的调味料,能让食物变得更加美味。

或许有人觉得,好吃不过是一个与口腹之欲相关的浅层次评价,其实不然,餐桌上多了"老干妈"以后,人们可选择的吃法就变多了,而唇齿之间的美味享受让人们感受到辣味的刺激人生。

从饮食角度来看,辣易成瘾;从做人做事的角度来看,辣代表着一种刚性。陶华碧从一个摆摊的小商贩变成一家工厂的经营者,正是靠着一种极强的刚性支撑着。面对生活的挑战,她一开始并不适应,并为此身心俱疲,然而,当她逐渐适应并接受挑战以后,她就更加坚定地以火辣辣的性格和作风去经营人生。

如果说"火辣"是陶华碧的行事准则,那么"火辣"也是"老干妈"系列产品的核心。"火辣"这个核心的产品特征让"好吃"二字不再空泛,让人们一想起"老干妈",就会本能地咽口水。

在"老干妈"火了之后,一所大学的科研人员设立了一个课题,研究"老干妈"受欢迎的原因,研究结果简单得让人难以置信,那就是"老干妈"好吃。科研人员受此鼓舞,决心研究出比"老干妈"更好吃的佐餐调料和小菜,但他们交出的答卷让所有人瞠目结舌:这个经过精心设计和研制的"老干妈"竞品并不好吃。

区区辣椒酱,确实不是什么"高大上"的美食,而"好吃"似乎也不是很有分量的竞争优势,但在普通的消费者看来,能做到好吃就已经不易了。

如果一款食品不好吃,它就失去了最基本的竞争力。现在,有些食品工业的经营者总是"剑走偏锋",认为有营养比好吃更能吸引消费者,其实这样的产品背离了消费者对美食的基本需求。有营养但不好吃,这样的食品迟早会被市场淘汰,"好吃"永远是食品的第一竞争力。人们喜欢"老干妈"的原因并不复杂,就是因为它好吃,这就是"老干妈"最基本与最核心的特点,也是"老干妈"能够强势畅销全球的重要原因。

陶华碧的火辣风格,决定了她对食品的定位就是"简单粗暴"的,而这种"简单粗暴"的策略更容易操作,避免了"老干妈"系列在诞生之初走弯路。陶华碧坚持围绕产品的核心优势打造产品矩阵,并最终获得品牌成功。

20世纪90年代,中国出现了"民工潮"。民工远离家乡去大城市打工,完成了劳动力的合理迁移,促进了经济的繁荣,而在这股浪潮中,四川人和贵州人的占比很高。四川人和贵州人喜欢吃辣味的食物,而"老干妈"自然成了他们的必备食品,同时随着人口的不断流动,更多的人在他们的影响下,了解了"老干妈"的美味,原本并不怎么喜欢吃辣的北方人甚至也改变了口味。当然,这一切的前提依然是两个字:好吃。

对于陶华碧来说,她做辣椒酱的初衷就是让寡淡的干粮、米饭变得好吃一点,让人们在简陋的就餐环境下也不亏待舌头。这就是她最朴素的愿望,也是她最擅长做的一件事。无论未来要面对什么,她都会把这个原则贯彻到底,做最好吃的民间风味。她相信,只要坚持这一点,市场就会认可"老干妈"这个品牌。

2. 选原料，就是要"吹毛求疵"

一瓶辣椒酱，在很多人眼里不过是普通的佐餐食品，但是从制作的角度看，没有普通的产品。

从摆摊开始，陶华碧就把产品的质量放在第一位，她绝不会为了省钱省力而投机取巧。现在，她的产品销往全国各地，她的责任感也更强了。比如，在制作辣椒油的时候，陶华碧不管多忙，都要亲自去生产线上闻一闻辣椒油的味道，如果闻到难闻的气味，那就代表辣椒油的质量有问题，必须马上找出原因，甚至可能需要更换原料。

民以食为天，而"食"的核心就是原料。原料不好，不仅会影响产品的整体口感，还会危害消费者的健康。陶华碧在这个问题上向来不敢马虎，而这种态度，正是如今人们所推崇的"工匠精神"。

很多人都在讲"工匠精神"，那么"工匠精神"的实质是什么呢？"工匠精神"是指的认真做事的态度，还是精益求精的手法？其实这些都包含在内。"工匠精神"的核心思想就是"产品至上"。产品，是决定一个企业和一个品牌前途的关键，只有把产品做好了，才能拥有忠实的客户群。有些企业本末倒置,把营销放在第一位,产品做得马马虎虎,靠吹嘘炒作蒙骗消费者,这种做法就和"工匠精神"相去甚远。

对辣椒酱来说,原料的好坏决定了味道的优劣。中国人关于食用辣椒的文字记载就可以追溯到400多年以前,拥有种类丰富、品质过硬的辣椒资源,其中以小米椒、朝天椒和皱椒为典型代表。虽然"老干妈"系列产品的种类丰富,但主打的原料只有两种——辣椒和豆豉,这也是陶华碧严格筛选的两种原料。

辣椒,可以增强人体的抗病能力,它的种植历史可以追溯到明朝,那时辣椒刚刚传入中国,人们对这种红彤彤的东西还有些抗拒,就和人们一开始排斥番茄一样。随着时间的推移,人们发现辣椒虽然刺激口腔和肠胃,却是一种让人上瘾的东西,还能为菜肴调味,于是它逐渐成为人们烹饪和佐餐的必备食材。豆豉是豆类发酵而成的,有极高的营养价值和独特的风味。

除了辣椒和豆豉之外,"老干妈"系列的油辣椒最为出名,而陶华碧选择的油料并非市面上常见的品种。她选择的是贵州当地出产的菜籽所榨出的油料,成本不低,而产品定价却不高,足见陶华碧提高原料质量的决心。

众所周知,贵州盛产辣椒,辣椒的品质很高。贵州的辣椒为什么这么好呢?这得益于贵州的"五度"生态优势。

第一,高度适宜。贵州的平均海拔约为1100米,省内的丘陵、山地、河谷以及盆地众多,具有天然的隔离环境,病虫害较少,适宜绿色植物的生长和发育。

第二,纬度优势。贵州的纬度在北纬24度37分到29度13分之间,气候宜人,温度、降水量、光照都很适中,是种植高品质辣椒的"福地"。

第三,湿度适中。贵州的很多地区日照少、阴天多,对植物吸收矿物质非常有利。

第四,氧离子浓度高。贵州的森林覆盖率高达60％,PM 2.5的值很低,而且负氧离子的含量高。这里的空气质量优于很多地区,适宜很多特色辣椒品种的培育,这些特色辣椒富含维生素、矿物质、有机酸等。

第五,温度有利。贵州属于冬暖夏凉的地区,最冷的月份平均气温也不过是3—6℃,高于同纬度其他地区,而最热的月份平均气温是22—25℃,且贵州的昼夜温差大,有利于辣椒中的营养和风味物质的形成。

正是在上述这些环境因素的共同作用下,贵州的辣椒才成为闻名全国的优质原料,当然价格也比其他产地的辣椒贵一些。尽管如此,陶华碧还是坚定地选用贵州辣椒,为的就是烹制出好吃的辣椒酱。

"产品至上"是"工匠精神"的核心,所以,为了达到这个目标,就必须舍得付出,否则就是对产品不负责任,也是对"匠人精神"的背叛。当然,合格的"匠人"不应该只是技术高超,还需要了解客户,知道客户想要什么。陶华碧深谙大众的喜好,既然大众喜欢贵州辣椒的独特口味,那就要使用相应的原料。从了解客户的需求出发,再到一丝不苟地完成,才能完成"工匠精神"的闭环。

或许,陶华碧并不了解"工匠精神",但是,她的一举一动都在践行"工匠精神"。她的产品日臻完善,主要体现在她对产品细节的打磨上。

陶华碧一直坚持"零缺陷"的生产原则,无论是对原料,还是对加工,都必须抱着一丝不苟的态度。她告诫员工,他们手中的是要卖到市场去的产品,更是要摆上百姓餐桌的食品,要求每个员工在生产时精心操作,因为一旦丢掉了"高品质"的初心,"老干妈"就不再是当初的"老干妈"了。

大家都知道陶华碧的"三不原则":不上市、不融资、不贷款。其实在生产时,陶华碧也遵循了"三不原则"。

第一,不制造不良品。陶华碧精选原料,就是为了确保产品的质量,从根本上控制不良品,这样才能对得起广大消费者对她的信任。第二,不流出不良品。陶华碧要求员工一旦发现不良品,就必须及时截断,坚决不能让其流到生产线的末端,损害品牌信誉。第三,不接受不良品。陶华碧深知,当年那么多人到自己店里拿辣椒酱,就是因为它们是"良品"。辣椒酱的质量高低决定了"老干妈"这个品牌的好坏,她始终坚持过硬的生产工序,绝不忽视质量控制,保证"老干妈"系列产品美味、安全。

做好吃的产品,用放心的原料,认真加工制作,这些其实对很多经营者来说不难做到,但是有些人并不愿意这么做。看似精明、实则舍本逐末的人失去了初心,反而损失更多。陶华碧则不同,她"死心眼"地坚持把产品做好,什么理由都不能动摇她的初心。她这么简单地思考,也这么执着地去做,最后成为真正的赢家。

3. 特色经营：香、浓、油多才是"辣道"

如果问你，为什么会喜欢某一款调味品，你会如何回答呢？

相信大多数人第一个想到的答案就是：提味。没错，调味品的核心在于调味，味道不够"劲"，那还不如老老实实吃大米、白面。"提味"知易行难，如何把味道"提"起来，又具体"提"哪种味道？这是需要思考和实践的课题。

辣椒酱和佐餐小菜在中国大地上并不罕见，这意味着陶华碧的竞争对手很多，要想凸显"老干妈"品牌的优势，就要有与众不同的产品特色。过去，陶华碧开小饭店，她只知道用心经营和以诚待人，但是现在不同了，陶华碧盯着的不再只是贵阳地区，而是全中国。她也不再和一个个顾客打交道，她要研究的是如何进行推广，让"老干妈"这个品牌发展和壮大。

在20世纪90年代，商人越来越重视广告，所以形式各异的广告出现在电视台、广播电台和报纸、杂志上。广告中的产品有的货真价实，有的则全靠吹嘘，陶华碧把注意力放在了产品本身上。既然是食品，那就必须要好吃，但是单纯好吃又无法凸显个性，所以陶华碧把重点放在了味道的独特性上。

辣椒酱应该是什么味道的呢？只有"辣"这个味道未免单调，还要有香脆、多油等特点，这样才能让人们深深地记住"老干妈"。或许在别人看来，这种只注重产品而忽视营销的做法实在太天真，但陶华碧就认准了这样能够打动消费者，"香辣、干脆、多油"就是最有效的广告，胜过任何绞尽脑汁的营销创意。

陶华碧虽然不懂产品学的专业知识，但是她的这个思路符合多品种产品策略的某些原理。众口难调，想要征服所有人的味蕾并不容易，而辣椒酱这种司空见惯的食物更会被人挑剔，所以，单单依靠一种口味，很容易被某些人挑剔，但如果有多种口味，味道的层次性和多样性就能俘获更多人的心。

香，在很多人眼中很简单，也很笼统，甚至不少人会觉得香味就是指嗅觉器官的感受，和其他器官没什么关系。其实不然，"老干妈"的香是嗅觉和味觉都能感受到的。以"老干妈"风味豆豉油制辣椒为例，豆豉的香气很突出。陶华碧选择的豆豉都是独一无二的，而且经过了复杂的加工，通常是将黄豆或者黑豆煮熟之后再发酵而成的，这种经过发酵的豆子就少了人们所不喜欢的腥气。

打开"老干妈"风味豆豉油制辣椒的瓶盖后，扑面而来的就是一种醇厚的芳香，这种芳香和鲜花的香气不同，是一种闻在鼻尖上、感动在舌尖上的奇妙体验，它没有普通豆子的生涩气味。当你吃一口之后，又会产生一种软糯的口感，一股浓浓的豆香瞬间从你舌尖上的味蕾传遍你的周身，让人不由得感叹五谷杂粮对人的哺育之恩。品味这种香气，就是从嗅觉始发，经由味觉，最后成为感觉的独特体验之旅。

香味在"老干妈"系列中的位置很重要，也很微妙。"重要"是因为它要让辣椒酱不那么单调。爱吃辣椒的人早就对一般的辣味免疫了,要想征服他们的舌尖,就必须让辣味更加丰富,所以才有了"香辣"一说。"微妙"是因为香味要恰到好处,如果抵消了辣味,那也就失去了辣椒酱的灵魂。

如果说香气是一种温润的舌尖体验,那么辣就是一种爽的体验。陶华碧为什么对辣味情有独钟?她曾经说过,做人就要跟做辣椒酱一样,不要来"虚"的,要么好吃,要么不好吃。这样一句朴素而直白的话,让"老干妈"系列的"辣"升华成了人与命运抗争的坚挺和不屈。凡是吃过"老干妈"辣椒酱的人,都会感受到一种韧劲。

如果把"韧"和"脆"看成是辣椒的"性格",那么陶华碧的人生观就自带"辣椒属性":拒绝平庸,坚韧挺立。所以,"老干妈"系列的佐餐小菜,都有一种干脆之感。有人形容道,这种"脆"堪比焦脆的麻花,麻花的"脆"在入口的瞬间,而"老干妈"的"脆"在内核上:这种"脆"代表着食材的生命力,食材没有在加工过程中失去本身的风味,反而保持了它们各自的特点。

让更多的人喜欢辣味,原本有一定的风险,因为在中国大地上,不是所有人都喜欢辣味。陶华碧在烹制辣椒酱的时候,特意让油成为辣的"伴侣",避免单纯的辣对人味蕾的强烈刺激,这种搭配堪称绝妙,让那种辣得让人流泪的尴尬变成了辣得让人舒心的愉悦。于是,油与辣椒的组合,成功弥合了人们口味的需求差异,将四川的麻辣、湖南的香辣、广西的酸辣兼容并包,哪怕是不喜欢吃辣的北方人,也能被"老干妈"所感染。

辣椒酱有了浓醇的油作为辅料,就产生了奇妙的反应:当滚烫的热油包裹着辣椒以后,油就拥有一种独特的辣香,而辣椒的辣味又会减弱一些,油消弭了辣椒的强烈刺激,辣椒也收敛了刚硬的个性。它们就像一对棱角分明的情侣,在相处之中变得圆润了很多,并吸收了对方的优点。另外,油的加入,在色泽上增添了一种美感,让人看一眼就忍不住想品尝一下。

陶华碧在广州打工时,每天佐餐的就是她亲手制作的辣椒酱。她每次都买一个馒头,从中间掰开,然后把辣椒酱涂抹到上面,让原本没什么味道的馒头顿时香气四溢、辣爽舌尖。

或许,单纯的辣味、香味、脆爽和多油,都无法让酱菜类的食品成为俘获舌尖的利器,但是当这几种口味完美地结合在一起之后,就产生了一种无与伦比的复合口感:先用香味征服你的鼻子,然后用辣味俘获你的舌尖,再用脆爽提升口感,最后用浓浓的油料滋润味觉感受,这种复杂而奇妙的感官体验,和香水的前调、中调、后调一样,充满了层次性。

当很多人还在搜肠刮肚地为产品琢磨营销思路的时候,只专注于产品的陶华碧,已经成功地用"老干妈"独特的风味立起了最大也最硬的招牌。陶华碧的这种执拗和犟劲,正如"老干妈"的辣味和脆劲一样毫不含糊,而她的专注和真诚,又如"老干妈"芳香的浓油一样打动人心。

如果你不喜欢"辣",你可以尝试买一罐"老干妈",或许你会习惯这种把辣味、香味、多油、干脆融为一体的独特味道,其中藏着陶华碧搏击人生的故事,它线索复杂,曲折跌宕。只有细细品味,才能理解"老干妈"辣椒酱在大众心目中的地位,也能或多或少地感受到陶华碧创业故事的百种滋味。

4. 没有回头客，名气再大也没用

很多创业者都会思考一个问题：是先提高知名度，还是先做好产品？这或许是一个有争议性的问题，因为不同产品在不同的生态环境下，所面临的问题并不相同，所以未必有统一的答案。对陶华碧来说，产品永远比知名度重要，而比产品还重要的就是客户。当然，这个答案也并非陶华碧一开始就想到的，在创立"老干妈"这个品牌之初，她也想尽快把"老干妈"的名号打响，减少销售的压力，但是思前想后，陶华碧还是决心抓住客户，用产品的实力说话。

食品工厂建立起来之后，熟客们会买陶华碧的辣椒酱作为店里的佐餐调味料和小菜，普通的消费者也慕名而来。从表面上看，陶华碧不愁没有客源，但问题的关键在于，过去陶华碧经营的只是一个调味品店，在客源稳定的前提下，显然调味品店的产能和需求大体挂钩，而食品加工厂的产能就显得有些过剩了。

是陶华碧对产品过于自信了吗？当然不是。"老干妈"系列要走向全国，必然要经历一个推广的过程，任何大品牌都是从默默无闻到闻名遐迩的。对于陶华碧而言,这个问题难不倒她,产多了卖不出去?那就出去推销!

敢想敢干是陶华碧一向的作风,和过去吃不饱饭相比,辣椒酱滞销并不可怕。既然厂子都办起来了,难道还因为一点挫折就止步不前了吗?陶华碧没有大范围地鼓动员工出去推销,而是自己充当了急先锋,一瓶一瓶地去各个店铺主动推销,开始走街串巷,突破创业难关。

贵州产辣椒,人人都吃辣椒,这本身也是一把双刃剑:辣椒酱既是每个人的所需,又是到处都有的。会做辣椒酱的不只陶华碧一人,可想而知她上门推销的难度有多大,但是陶华碧不能轻易放弃,她好不容易建立起一个厂子,现在产品积压,她不能眼睁睁地看着厂子死在摇篮里。

为了省钱,陶华碧没有雇车,拿出了当年背几十斤石灰的劲头,装上辣椒酱,只要看到商店就过去推销,不管别人用什么眼神看她,她都泰然自若地介绍自家的辣椒酱。商店都推销完了,就去学校的食堂推销。有些店铺所处的位置十分偏僻,店主根本没听说过"老干妈"这个牌子,陶华碧就把辣椒酱直接放在地上,告诉他们不用付钱,卖出去了再给她钱。

生活磨炼了陶华碧的意志,也同样增长了她的智慧。她不是那种认死理的人,她知道"老干妈"还没什么名气,只有赊账销售才能让卖家接受,这在很多人眼里是非常冒险的,但创业本身就是在刀尖上走路,她都走了一半,还能半途而废吗?

现在是互联网时代,上门推销似乎已经远离了人们的视线,很多人认为网络营销要便捷很多,上门推销完全是一种笨方法,但对产品来说,想要让消费者加深对它的认识,近距离接触是非常有效的;而且从建立销售渠道的角度来看,线下推广更容易提高客户黏性。陶华碧走了那么多店铺,其中就有不少成了"老干妈"后来的客户,这都是陶华碧上门推销、面对面交流打出来的战果。

当然,更值得敬佩的是,陶华碧能够舍掉面子,不畏惧白眼,不畏惧冷漠,一切只为打开产品销路,让"老干妈"系列拥有属于自己的回头客,这种孤注一掷的决心非普通人可比,也正是在这种精神力量的支撑下,"老干妈"才没有半路夭折。

上门推销了一段时间后,陶华碧的努力逐渐有了成效。陶华碧的辣椒酱实在好吃,只要卖出去一瓶,后续可能会卖出去十瓶,很多人尝过后,不仅给家人买,还推荐给朋友,回头客越来越多。陶华碧赊账销售的那些店铺也给她打来了电话,让她过去拿钱,并表示还要继续进货。

这种走街串巷的原始推销方法打响了第一枪,也开始在市场上吸引回头客,陶华碧收获了一批"产品粉"。这种操作方式也给今天的经营者提供了借鉴:这种线下推广方式虽然老套,但最接地气。尽管操作起来确实很难,可一旦打开缺口,就意味着会有越来越多的商家和消费者认可这一品牌,从而形成固定的购买人群。

不过,陶华碧的走街串巷和以前卖货郎挑着担子的走街串巷不同,因为货郎卖的针头线脑很多都能用很长时间,他也不必考虑怎么获得回头客,能卖出一个是一个,营销的重点还是多走路、多自夸。但是,陶华碧不一样,她卖的是消耗品,指望着大批的回头客,所以她的营销重点是讲诚信、重质量。因为有了这个侧重点,陶华碧每次和新渠道商打交道,都会尽量全面地介绍自己,也尽量全面地了解对方,用过硬的产品和可信的人品换来后续的长期合作。

这些营销思路说起来容易,但能够把它们整理清楚,说明陶华碧提前做好了准备,因为她知道自己要打的是一场攻坚战,也是一场持久战。

也许有人会想,陶华碧这样一个没什么文化的妇女,怎么就能通过上门推销为产品打开销路呢？抛开陶华碧的顽强个性和营销思维不谈，单从她的应对能力就可以略知一二。以算数为例，陶华碧的口算和心算都非常强，走街串巷免不了和渠道商对账，又不可能随时带着算盘和计算器，所以在大多数场合，她都是依靠口算和心算完成的。也许有人觉得这不过是雕虫小技，可如果代入实际场景，你就会发现，没有谁愿意和一个算半天账都算不好的人打交道，而陶华碧给人的感觉就是精明干练，谁都愿意和这样的人合作。

一个企业如果不能兼顾名气和口碑，那么就会"虚胖"，销量一时间上去了，却没有多少回头客，就像现在一些直播带货的主播们，把产品吹嘘得天花乱坠，忽悠一些"粉丝"冲动下单，创造了动辄百万、千万的交易额，结果消费者收到货以后纷纷投诉并退货。这种"赚快钱"的做法，葬送的是个人和产品的口碑。

曾经比较出名的"永丰"辣椒酱，因为贪多求大，结果导致产品质量下降，回头客越来越少。反观陶华碧，她没有把心思用在歪门邪道上，而是专注做好产品，专注做好口碑，多年如一日，始终主打油辣椒，这样的坚持反而让她走向了成功。

想要积累大量的回头客，就得靠始终如一的产品。为了推行标准化的制作工艺，陶华碧在生产阶段就进行了严格地把控，从温度、湿度，再到玻璃罐的尺寸，每个环节都亲自参与。她会告诉生产线上的每个工作人员如何操作，并亲自进行指导，这样做出来的辣椒酱自然好吃，就能抓住消费者的心。

产品质量的重要性永远高于品牌知名度，因为它的高低关系到消费者是否会对品牌足够忠诚，所以当一个品牌处于成长期的时候，一定要在经营中保持诚信，一旦发现自己在某方面有不足，就要尽快改正，从而形成口碑效应。

俗语有云:"刻薄不赚钱,忠厚不折本。"因为只有诚信经营,才能获取客户的信任,所以从这个角度看,经营者是用产品换客户的忠诚度,而不是顾客手里的钱。为此,陶华碧曾说:"做人不能弄虚作假,要不然根本没有人跟你做生意,也没有人买你的产品。"这真是打了那些把"无商不奸"挂在嘴边的人的脸。

越是在没有规模和名气的时候,经营者越要坚持底线,只有熬过这个阶段,才能实现质变,获得后期的成长。陶华碧做到了,她坚持下来了,她的身边也聚集了一大批回头客。这一批"老干妈"的忠实消费者就像星星之火,点亮了陶华碧的经营之路,这批消费者也成为陶华碧最宝贵的财富之一。

5. 自己选的路，理直气壮地走完

走上创业之路，就意味着要扛下别人扛不了的重担，因为创业者既是决策者，也是"背锅侠"。不少人深知这一点，为了避雷，就选择了抱团创业，以邀请合伙人的方式获得更多的人支持，既能给自己增加胆量，又能分工合作，不至于陷入孤军奋战的困境中。

有人分担创业的艰难，自然是一件好事，但是人多了，也涉及如何管理、如何统一思想以及如何化解纠纷等更为复杂的问题，所以靠着人多来驱散创业路上的孤独和恐惧，同样会带来风险。对此，陶华碧始终抱着这样的态度：人多力量大很正常，但如果人不多，还能力量大，这才证明你有本事。

对创业者来说，如果只敢和别人共同承担风险，其在本质上还是惧怕创业的，很难独当一面，而这样缺乏刚性领导者的团队，迟早会在市场竞争中被强敌挫败。

企业出了问题，经营者的第一反应是挺得住、站得稳，这样团队的其他人才能跟得上，而这恰恰是创业者必备的优秀品质之一。陶华碧一直坚定地保持这种态度,路是自己选的,那就挺直腰板儿走下去,不管遇到什么问题,她从来不把责任推到其他人身上,而是第一个站出来接招。在陶华碧看来,唯有她接得住招,手下人才能顶得住,而这才是属于创业者的孤胆精神。

之所以有"孤胆"这个词,是因为人们在孤身一人时,原本就容易心生恐惧,如果再遇到意外事件,就要独自面对无法逃避的考验,这对大多数人来说,都是难以承受的心理压力。因此,拥有孤胆精神的人才会被人追捧和尊敬。

1996年,当陶华碧在南明区政府的帮助下建立厂房之后,双方保持着比较密切的关系,南明区政府也十分支持民营企业。在陶华碧看来,政府从上到下都十分关心民营企业,既无偿地提供厂房,还帮助推广,绝对称得上用心良苦。不过,毕竟企业和机关的属性不同,处理问题的思维方式也不同,所以时间长了之后,难免会在某些问题上产生分歧,其中一个问题就是税收。

说起税收,这是陶华碧最引以为傲的事情,她一直认为交税是一件非常光荣的事情,她不仅要让自己的企业解决当地民众的就业问题,还要为国家的公共事业做贡献,所以按时缴纳税款,对陶华碧来说是原则问题。后来,在每年的年底税务部门总结会上,陶华碧总是因为缴税最快和最多而挣足了面子。

有一年,税务统计工作出现疏漏,导致"老干妈"的部分税款没有被计算在内,这部分税款有30万元,让"老干妈"的缴税排名从第一降到了第二。性格耿直的陶华碧在当年的税务部门大会上,当着现场的领导干部和企业家们的面高声喊道:"是哪个把我们的税款给弄错了,30万元的税款你们给我弄哪里去了?!"这番话一喊出口,在场的所有人目瞪口呆,一时间没人敢接话,更有人为陶华碧捏了一把汗:在这样的场合说这种话,真的不怕"老干妈"以后的路难走吗?

然而,有这些担心的人终究想多了,面对陶华碧的质问,税务部门的工作人员马上进行复查,这才发现确实给陶华碧少算了30万元的税款。陶华碧表示:她可以不要纳税大户的奖杯和奖品,但是必须在大会上公开给自己一个说法。因为这是税务部门的失误,他们理应承担这个责任。最后,税务部门重新进行了缴税排名,"老干妈"再度夺得纳税第一名的无上荣誉。

税款出错这件事,如果是别的企业家,可能会选择以和为贵、息事宁人,但是陶华碧毫不退让,凭着这种刚强的性格,让税务部门的领导了解了来龙去脉,对工作人员的疏忽进行了严厉的批评,而陶华碧也因此在南明区成为人人敬畏的企业家。

或许人们觉得陶华碧霸气,但陶华碧认为这是硬气,自己不是为了出风头,更不是为了压谁一头,而是她占了理,那就该底气十足地争取。

创业的艰难,绝不只体现在产品研发、市场开拓、同行竞争这些方面,很多人面对这一类困难并不会退缩,但只要涉及和政府部门打交道的情况,大多数人都会小心翼翼,然而陶华碧不会这样。因为在她的是非观中,无论是政府工作人员、民营企业家,还是普通老百姓,错了就是错了,没有掩饰的理由,更没有将错就错的必要,必须承认错误,而她作为一个民营企业家,也会为捍卫自己的权利,据理力争。

陶华碧这种较真并非因为她是纳税大户,而是源于她骨子里的率性和刚硬,她虽然是农民出身,但她并没有像多数人那样对权力产生恐惧,她考虑更多的是"权利",她不仅是在维护自己的合法权利,还是在帮助他人获得更好的营商环境和沟通氛围。

如果把陶华碧的个性理解为争强好胜，就太片面了。事实上，陶华碧懂得退让和妥协，她只会在原则问题上寸步不让，更多的时候，她只是敢于直言。比如，陶华碧作为南明区的企业家模范，总会被邀请到各种场合发言，讲讲她的创业故事。起初，陶华碧对这种场合比较抗拒，因为她是一个实干家，并不习惯在人前夸夸其谈，但是她也知道这是社会对她事业的认可。陶华碧总是一五一十地讲述自己的创业经历，从来不会夸大其词，更不会有意美化自己。因为不识字，陶华碧没法依赖发言稿，她也不想背诵在公开场合讲话的台词，所以每次就是想到什么就说什么，也丝毫不避讳某些敏感话题，有时候，因为说的话太过直白和简单，还会引起一些人发问：这真的是"老干妈"的创业心得吗？对于这一类问题，陶华碧的回答是："说话嘛，就是有什么说什么。"

陶华碧走上创业之路其实很简单，就是为了给自己和孩子更好的生活，而她扛住压力的理由也很简单，因为她没有退路，扛不住的话，只能就此被命运打败。做事情抱着必胜的心态，着实让人敬佩。

1997年，"老干妈"的发展遇到了瓶颈，陶华碧既要解决厂子的经营和管理问题，又要继续做产品推广，换作普通人，可能早就崩溃了，但是陶华碧始终坚守在自己的岗位上，正如死守阵地的战士一样。因为她相信，既然选择了创业，就必须有超出常人的抗压能力，就算撞了南墙也不能回头，也许第二次就真的把墙撞倒了。

陶华碧就是如此朴素、率真、勇敢和执着，在她的创业之路上，曾经有一道又一道屏障，阻拦她的去路，有的长万丈，有的厚千尺，但陶华碧从来都是眉头都不皱一下，直面这些阻挡自己实现梦想的障碍。只要是她选定的路，她就一定要走到尽头；只要是她认定的事情，她就一定会坚持到底。在她看来，只要选的这条路没错，那就要接着走下去！

Chapter 3

没有章法
才是最强的章法

1. 打破僵局，先存活，再盘活

成功者的头上似乎都闪烁着独特的光环，人们在赞赏成功者时，很少会关注成功者背后的辛酸与无奈。事实上，光环背后的眼泪和汗水往往更值得关注。

曾经有记者在采访陶华碧的时候，发现她并不像有些企业家那样喜欢抛头露面，宣扬自己引以为傲的企业文化，也不像有些企业家那样喜欢借势进行产品营销。陶华碧低调朴实，在公共场合，除非她有发言的必要，否则她宁愿是一个不被人关注的"路人甲"。正是这种低调，折射出陶华碧低调内敛的实干家风范和坚韧不拔的个性。

在"老干妈"系列产品从贵州走向全国的过程中，虽然有越来越多的消费者开始了解并认可这一品牌，但是和陶华碧心中的商业版图相比，这个扩张速度并不快，而且随时都面临着销路不畅的难题。因为和"老干妈"类似的产品很多，消费者有很大的选择空间，往往会货比三家，对陶华碧来说，这就意味着危机时时与她相伴。

打开销路，并不只是靠着上门推销和消费者的自发推广就能完成，必须拥有一整套连贯的、经得起推敲的商业逻辑。简单说,让一个名不见经传的品牌获得市场和消费者的认可,需要通过三重考验:自我认知、情感认知、理性认知。

自我认知,指的是商家对自己产品的定位,包含产品的功能、属性、价格以及目标人群等等。关于这个问题,陶华碧已经考虑清楚了,她做的就是老百姓喜闻乐见的佐餐小菜,虽然没有什么神奇功效,但胜在称心且可口。

陶华碧虽然没有什么学问,但她是生活的智者,她知道"有所为,有所不为"的道理,所以她的"老干妈"系列产品给人的感觉就是亲切、好吃、实在,这就是"老干妈"最鲜明的品牌形象。"老干妈"可以当作调料,用于蒸煮煎炒;也可以当作佐餐小菜,开盖即食。这个产品定位一直延续到今天,这就说明陶华碧的思路非常清晰。这个清晰的思路未必是她深思熟虑的结果,或许只是源于她对辣椒酱的情怀,毕竟辣椒酱是陪伴她度过人生最困难时期的忠实伴侣。

产品定位越准确,就越能抓住消费者,因为它可以在最短的时间内筛选出受众人群,同样也便于消费者快速作出判断,这比花样繁多但缺少重点的营销宣传要直接得多。归根结底,有的产品定位模糊,从根本上讲,还是不够自信,而且也没有站在消费者的角度思考他们到底需要什么产品。

情感认知,指的是关联消费者直觉的、看到某个品牌所产生的下意识反应。这个过程越短,越能凸显该品牌的特色,也有助于消费者快速做出选择。"老干妈"的单一,恰恰在消费者心目中形成了一个强烈的品牌印象:只要一想起辣椒酱,就会想起"老干妈";同样只要看到"老干妈"的系列产品,脑海中就会浮现出一个"辣"字。长此以往,"老干妈"就深深地扎根在了人们的记忆里。

陶华碧用"老干妈"这个有些"土味"的名字,让很多人找回了久违的家乡感、温馨感和真实感,不再是面对一个看上去"高大上"、实则没有灵魂和味道的浮夸品牌。当然,这同样和陶华碧的性格有关,她是一个朴实、善良、纯粹的人,她说话不会拐弯抹角,她做菜不会偷工减料,这些品质都让食客感动。用一个专业的说法表达,就是让顾客形成"消费记忆":只要购买过一次"老干妈",就能逐渐在日后的消费行为中养成习惯。

理性认知,指的是对产品的理性选择。陶华碧的"老干妈"系列产品,具有很强的市场竞争力,用一句话概括就是:"比它贵的没人买,比它便宜的不好吃。"虽然有些夸张,但大体上说明了消费者为什么在面对琳琅满目的调味品和佐餐小菜时,几轮筛选下来,还是会选择"老干妈"。因为论价格,它是亲民的;论分量,它是实惠的;论口味,它是正宗的。无论你是囊中羞涩,还是单纯地想改善口味,"老干妈"都能满足你的需求。这种理性认知,不会受品牌所传递出的形象影响,换句话说,它是消费者在产生情感认知以后,进入付款环节时的最后思考:买这个到底值不值?如果只是打通了情感认知,却没有说服消费者,那么理性认知这个障碍就冲不过去。只有将二者结合,才能在最短的时间内促成一次交易。陶华碧对"老干妈"系列产品的应用场景做了充分的考虑,让学生党、工薪阶层都对它有稳定的消费需求,自然就会有市场。

靠着这一套完整、合理的商业逻辑,"老干妈"逐渐在中国的调味品市场中占据了一席之地,而为了保住既得市场,陶华碧在定价策略上煞费苦心:在"老干妈"系列的十多个品种当中,最贵的也不过十几元,这就确保大多数消费者能够不假思索地购买。不过,有人认为这是一种近乎"赔本赚吆喝"的下策,以"牛肉末油辣椒"和"干煸肉丝红辣椒"为例,它们的制作成本很高，价格却在10块钱上下，利润空间被压缩得很小，这不就近乎"赔本赚吆喝"吗？

陶华碧何尝不知道产品的成本和利润的比例呢？谁都想拓宽盈利空间，但前提是产品要先在市场上存活下来。要通过自我认知、情感认知和理性认知这三重考验，就必须让产品在消费者心中占据"先入为主"的地位，形成产品黏性，总之，先存活下来才是关键。

陶华碧要打破的僵局是让更多的消费者选择"老干妈"，而消费者也要打破一个僵局，那就是在花少量钱的同时买到一个味道不错、用料实在的佐餐食品。如果调味食品只是便宜，但不好吃，那么买它有何用处？或者换一种说法：某个调味产品味道不错，肉也蛮多，可价格不便宜，我干吗不直接买肉炖着吃呢？

僵局对买家和卖家而言是同时存在的，想要打破它，就必须找到一个平衡点，让卖家不亏本，让买家不委屈，陶华碧的定价策略就是找准了平衡点。她站在消费者的角度进行了思考：老百姓赚钱有限，"节流"往往是常用的经济策略，建筑工人、长途司机，还有学生等等，舍不得在吃饭上花太多钱的大有人在，所以"老干妈"如果能把利润压到最低，让这些消费者承受得起并愿意长期消费，就能在市场上站稳脚跟。

正是有了这种定价策略，"老干妈"在后来销量走高之后，也基本上没有涨价。当时，有不少人劝陶华碧：既然消费者已经接受了这个品牌，涨个几元钱他们也能接受。然而，这番话马上遭到了陶华碧的反对，她知道对普通人来说，几块钱虽然不会让他们肉疼，但对于长期消费的快消品而言，几块钱也会影响普通人的消费策略：可能会换更便宜的品牌，也可能节省着吃。无论哪种决策，都不会有助于提高"老干妈"的销量。

如今，一些商家总喜欢"消费升级"，重新定位消费群体。通过某些营销手段来诱导消费、刺激消费,制定了一些超出目标消费群体承受范围的价格,还美其名曰"高端消费"或者"超前消费"。或许这些手段能够在短时间内让企业赚得盆满钵满,然而从长远来看,这是以葬送稳定的消费群体、精确的品牌定位和良好的企业口碑为代价的。这些商家看似在赚钱,其实丢掉的是企业的发展线。陶华碧始终关注的是如何深度挖掘产品的核心价值,让品牌稳定地存活下来。

2. 把活儿干了，才能发现商机

世间万物，有因必有果，因是付出的行动，果是行动后的回报。有些人不愿意付出行动，只渴望结果，这就是因果倒置，自然求果难成。

陶华碧的"老干妈"在市场上存活下来并得以壮大，并非因为她的运气好，也不能简单地将原因归结为产品质量过硬，而在于陶华碧用她的思维方式发现了商机所在。

有些企业家在成功之后，总喜欢把自己包装成战略大师，声称自己在一开始就抓住了别人发现不了的机会。事实上，很多商机的发现和掌控，都是在行动的过程中完成的，而非一开始就捕捉到的，陶华碧就是这样成功的。

在创业之初，陶华碧主要依靠的是多年制作辣椒酱的经验，这时的她谈不上有什么长远的战略视角，她只是凭借着一腔热血，创立了一个只有40个人的辣椒酱小工厂，微薄的资金几乎都投入到设备和原料的购买上，所以她没工夫多想，只盼着能够提升销量，早日回本和盈利。当时的"老干妈"的产品种类十分单一，以符合贵州当地的饮食习惯的风味豆豉和油辣椒为主。

由于气候原因,贵州几乎每户人家都会种植辣椒,家家户户都有吃辣椒的习惯。在很多贵州人家里,通常有四种辣椒:一是油辣椒,专门用来配米粉和冷面的;二是糟辣椒,剁碎以后用来炒菜和炒饭的;三是辣椒粉,主要用来给荤菜配蘸水的;四是干辣椒,一般在炒菜的时候下锅用。贵州人在生活中几乎离不开辣椒,陶华碧就生活在这样的环境中,耳濡目染地了解了各种辣椒的做法和用法,所以她在实惠饭店里会用辣椒吸引食客上门。既然人人都懂辣椒,为什么只有陶华碧成功了呢?

其实,这正是陶华碧的成功之道,她能够在一个几乎人人都会做辣椒、人人都懂得品尝辣椒酱的地方做出了成功的辣椒酱产品,这才是最难能可贵的,这也正体现了陶华碧发现商机的能力。当然,这种能力不是与生俱来的,而是她在实践中逐步锻炼出来的。

在开实惠饭店的时候,陶华碧就发现食客对她的辣椒酱情有独钟,甚至在店里吃还不够,要再带一点回家吃,至于她做的饭菜,也许就没有那么吸引人,于是陶华碧准确地找到了自己的经营优势——制作辣椒酱。从表面上看起来,走到这一步很容易,殊不知很多人在创业时都认不清自己的优势和短板是什么,结果在错误的方向越走越远。陶华碧在此基础上开了风味食品店,而她发现一家小店根本不足以满足市场上的需求,这时,她才意识到创办一家工厂的必要性。

回顾陶华碧的创业史,会发现那并不是一个心怀大志的人一步步走向成功的历史,而是一个踏实肯干的人逐渐发现商机并抓住机会的历史。

不过,创业仅靠一双善于发现的眼睛是不够的,还需要足够的胆量和实干精神。其实在"老干妈"成立之前,中国的复合调味品市场的竞争已经非常激烈了,并不是人们想象的"蓝海市场"。当时的复合调味品主要分为强化功能性的调味品、配合特色菜的调味品、利用各种调味料深加工或者提取的调味品、以健康为主旨的调味品四大类,后来又出现了方便即食的调味品,代表品牌有"阿香婆"。在如此严酷的市场环境中,"老干妈"刚入场的时候,完全是默默无闻的,因为陶华碧面对的对手是"太太乐鸡精""小肥羊火锅底料"以及"海天酱油"这些领军品牌,它们在当时几乎完全占领了调味料市场,想要正面和它们对抗是非常困难的。陶华碧向来主张采取稳妥的策略,所以她不会轻易和行业顶尖对手竞争,而是看准了方便即食的调味料市场,因为只有这里,竞争才不那么激烈。

陶华碧的这个决策放在今天来看没问题,可在当时,很多消费者对方便即食的调味品兴趣不大,很可能推出后没有人买账,不过陶华碧既有稳中求胜的作风,也有敢在关键时刻放手一搏的气度。经过她再三考虑,她认为这种方便即食的调味产品未来一定会大受消费者欢迎,因为它能够节省时间,对于那些工作忙碌、意图省事以及经济不宽裕的消费者来说十分友好。果不其然,在陶华碧的坚持下,"老干妈"在这片"蓝海市场"上拼搏奋进,最终击败了当时的竞争品牌"阿香婆",一跃成为辣椒酱界的翘楚。时至今日,"老干妈"声名远扬,而"阿香婆"却早已被人遗忘。

"老干妈"在方便即食的调味品市场中打开了销路,却不能高枕无忧,因为市面上还有很多的辣椒酱产品,如何突显"老干妈"的产品优势就成为陶华碧着重考虑的问题。

陶华碧在经过考察之后发现,想要在辣椒酱市场站稳脚跟,就要让"辣"变得有特点,她意识到,如果"老干妈"辣椒酱的特点只是辣的话,很快就会被其他品牌赶出市场。为此,陶华碧开始认真琢磨贵州和其他省份对辣的不同理解。

以湖南为例,它和贵州在辣椒的材料上有很大区别,湖南以剁椒为主,剁椒在制作过程中不能有一点油,而贵州以油辣椒为主。加不加油都是为了提升辣椒的口感,那油辣椒和剁椒相比,有什么优势呢?油和辣椒的结合克服了大多数消费者的口味差别,过了油的辣椒在烹制的过程中变得不那么辣了,反而香味会多一点,这就能让不太喜欢吃辣的北方人容易接受,而其他的辣口味,诸如酸辣和麻辣,相对而言比较小众,很难真正走向全国,更不要说推向世界了。

陶华碧发现了商机,所以"老干妈"的市场份额不断扩大,牢牢占据了"10元价格带"这个区间,其领导地位不言而喻,由此也吸引了一大批的跟风者,比如"老干爹""辣妹子"等,它们虽然依样画葫芦,学了些皮毛,拿走了一部分市场份额,但是终归没有创新,更缺少陶华碧这样的领导者,所以在消费者心中的地位不高。

有意思的是,2013年,中椒英潮辣业发展有限公司另辟蹊径,专门针对"老干妈"开发出一款和"香、浓、油多"截然相反的辣椒酱,即英潮鲜椒酱,据说是用特制的小锅熬制出来的,没有油炸辣椒,纯粹是依靠慢慢熬,才熬出来的辣椒酱。这款风格独特的辣椒酱也吸引了一批客户,不过从影响力上看,暂时还不如"老干妈"。

事实上,调味品的准入门槛很低,但要成为国民品牌,那就必须依靠经营能力和决策能力了。总的来说,调味品要具备营养、美味和方便这三大优势,才能逐渐在消费者那里获得良好的口碑。从这个角度看,在一个人人都可以进入的市场生存下来并成长为标杆企业,足以证明陶华碧确实有一双善于发现的眼睛,她能够在别人误以为的"红海"中找到"蓝海",也能在别人误以为低利润时抢占销量榜单,而这双能创造财富的眼睛,并不是在办公室里遥控一线练就而成,而是一边脚踏实地地摸索,一边深思熟虑锻炼出来的。她有着一种稳健又不失创新,谨慎又不失大胆的商业智慧。

3. 做生意，别耍小心机

当越来越多的人追捧营销学的时候，一些经营者的注意力就从产品本身转移到了包装、传播、造势、"粉丝孵化"等方面，平心而论，营销对产品推广的作用确实很大，但如果把有限的精力都放在营销和包装上，而忽视产品自身的内容建设，那就是本末倒置了。消费者确实会因为冲动而购买一款他们或许并不需要的产品，但这毕竟是一时的，想要长期俘获消费者的心，还是要聚焦"主航道"，把产品做大、做强才是"王道"。

一个企业家更关注产品还是营销，在一定程度上取决于自身的经历。陶华碧在创办"老干妈"之后，结束了不稳定的地摊生意和小本经营的门店生意，她骨子里那种务实求稳的心态也一并沉淀下来，最终成为指导企业发展的核心思想。和那些浮夸的、高调的、张扬的企业文化相比，"老干妈"这个品牌体现的则是一种极致的实用主义。

以产品包装为例，不少重视营销的企业会重点设计产品包装，这些企业认为包装就是生命线，绞尽脑汁地设计出最具营销性的包装，但是"老干妈"走了一条截然相反的路。经历了快30年的发展变迁，"老干妈"的瓶瓶罐罐依然是当初的那个样子，有人甚至表示，"老干妈"的瓶子完全是20世纪90年代的审美，早就该被淘汰了。

的确，包装和产品的影响力之间存在着正向关联，换包装的大品牌也比比皆是，比如可口可乐、乐事等等，但这些品牌的消费人群以年轻人为主，其产品追求的是时尚感，因此产品包装需要根据时代潮流不断调整。"老干妈"不同，其消费群体中虽然也有大量的年轻人，但是在陶华碧看来，"老干妈"的产品定位很单纯，就是"好吃的辣椒酱"，因此瓶子看起来简单、质朴才好。

那么，陶华碧的这种观念落伍了吗？显然没有。"老干妈"这三个字本身体现的就是一种简单、质朴的特色。陶华碧认为，产品的包装固然重要，但不能喧宾夺主，分散消费者的注意力。想想"买椟还珠"这个成语故事，就能理解陶华碧的用意所在。

2009年，百事可乐旗下的果汁品牌"纯果乐"，为了进一步打开市场，自作聪明地更换了包装，把原来"伸出吸管的橙子"的图案换成了一个装满橙汁的玻璃杯。结果这个新包装让很多消费者大为光火，他们通过网络纷纷吐槽，结果"纯果乐"不得不承认这次"创新"是失败的，他们低估了消费者的忠诚度，最后决定换回原来的包装。

无独有偶，可口可乐曾经推出了一个"假日白色"版的特别包装，结果一上市就遭到大批消费者的抨击，大家都觉得这个白色包装和健怡可乐很像，导致不少人一不留神就买错了。一个月以后，可口可乐就把包装换回了原来的经典红色包装。

这两个换包装引发风波的案例，足以证明没有立足于消费者需求的包装更改完全是多余的，这反映出这些企业在脱离消费者和产品的情况下制定营销战略，没有足够重视消费者的声音。如果他们只专注于做好产品,是不会搞出这种费力不讨好的失败尝试的。

相比之下,"老干妈"的瓶子形状几十年没有改变,这种简单的造型让"老干妈"的瓶子可以反复利用:刷干净以后,可以泡茶,还可以储存食盐、味精、糖等调味料……简单、质朴的设计有更接地气的用法。

小创意并非不可取,关键在于这样的创意是否符合消费者的需要,是否能给消费者带来实在的利益。错误的营销策略会增加成本,而把这样的成本分摊到售价中,让消费者买单,是不会有很好的营销效果的。

陶华碧并不是缺乏创新精神,她只是明白一个简单而深刻的道理:少一点小心思,多一点诚意,就能让消费者少花钱,获得最优质的购物和使用体验。正是基于这个认识,"老干妈"瓶子的形状多年不改,上面的陶华碧照片也依旧如初,有人认为这张照片缺乏修饰,应该把陶华碧拍得更美一些,就像是发朋友圈的照片必须美颜一样。陶华碧没有这样做,她虽然是一个女人,却不想把心思放在这些胭花脂粉上,更何况她是一个企业家,考虑的应该是如何让产品更受消费者喜爱,做这种面子上的包装没有实际意义。

和"老干妈"相比,国内的一些企业在过度包装上成为反面典型。比如,当年吉林产出的人参,最早的包装是30千克一包,非常实惠。可是后来,相关负责人觉得不好看,就改成了5千克的小包装,售价还提高了三成左右。在发现有利可图之后,又把人参切成薄片,贴在泡沫盒上并打开透明的窗口,看上去是很有档次了,但是一盒里面没有多少人参,损害的是消费者的利益。

同样过度包装的还有每年的中秋月饼,它们有各式各样的华丽包装盒,有精雕细琢的木盒,有工艺讲究的铁盒,等等,可里面的月饼真的好吃吗?即使好吃,消费者也付出了远高于月饼实际价值的钱,这就带坏了市场风气。

认真做产品,本分做生意,这就是陶华碧的追求。对她来说,对产品负责,对消费者真诚相待,比任何吹得天花乱坠的营销手段都管用,而这种质朴的情怀和认知,也成就了"老干妈"国民品牌的地位。

4. 赚钱只是你努力的结果

有人把陶华碧称为"支配全球味蕾的女人"。一个七十多岁的奶奶级人物,能够在年轻人的流行文化中成为话题,她的影响力可见一斑。她的影响力不仅源于白手起家的创业传奇,还源于她的朴素情怀,难怪人们都愿意叫她"老干妈"。"老干妈"已经不只是品牌名称,还是一种"粉丝"群体的标签。

成功的企业家有很多,但是能够让人们发自内心去敬仰的不多,陶华碧之所以能够在大众心目中占据举足轻重的位置,是因为她对待产品和顾客的态度值得称道。陶华碧曾经公开表示:如果谁吃了她的辣椒酱出了问题,用辣椒酱瓶子上的照片就能找到她。这句简单、质朴的话给消费者吃了定心丸,体现了陶华碧的真心实意。

当一个企业家能够不把赚钱当成头等大事的时候,这意味着他进入了一个更高的境界。这种境界是把事业当成信仰去完成,而不是为了赚多少利润。尽管陶华碧是中国知名的女企业家、女富豪,但是赚钱不过是她追求信仰的结果,而非目标。那么,何谓把事业当成信仰呢?

第一,不从经济效益的角度去衡量事业的成功,而是以造福社会和民众为标准。

秉持这种态度的经营者,不会把自己当成高高在上的管理者,而是把自己看成一个能够和员工共同进退,也能够帮助员工进步的长者、老师和向导。帮助员工,就是对整个社会作贡献。

在"老干妈"发展壮大以后,陶华碧招收了一些"90后"员工,之所以找来这么多年轻人,是因为他们富有朝气,有想法,更有工作的精力,这些都是这个年龄段人群的巨大优势。当然,年轻人身上也有很多缺点,比较突出的是做事比较毛躁、个性过于鲜明、容易产生叛逆心理。

有一个小伙子,在"老干妈"初创时期就进厂打工,虽然能吃苦,但也很贪玩,每天晚上打游戏,结果睡眠不足,第二天上班总是一副昏昏欲睡的样子。值班领导发现以后,对这个小伙子多次批评教育,把他从辣菜车间调到了腐乳车间,然而他还是屡教不改。领导又将他调到了包装部,希望通过更换工作内容来提高他的注意力,推动他把精力都用在工作上。然而,经过这么一番折腾,小伙子还是滚刀肉一条,就是不改。

换成一般的企业经营者,面对这样不服管教的员工,只能让他卷铺盖走人了。员工的工作效率低,直接影响的是企业的收益,这是一笔很容易计算的经济账。但是,陶华碧没有这样做,因为在她眼里,这个小伙子和当年她帮助的欧阳梓刚一样,都是聪明、有灵性的孩子,如果只是从企业利益的角度出发,把他开除,他未来的人生道路会越走越偏。所以,陶华碧亲自找到了这个小伙子,没有再对他进行批评教育,而是跟着他一起上生产线,手把手教他如何搅拌辣椒酱以及包装。有时候因为加班,陶华碧会和这个小伙子一起工作到很晚,她第二天早上却能准时上班。陶华碧这样已经事业有成的人还在追赶朝阳,而自己却在虚度光阴,小伙子醍醐灌顶,幡然醒悟,以陶华碧为榜样,努力工作,最终成长为一名优秀的技术骨干。

对企业家来说,创造惊人的业绩是一种成就,而能够帮助在迷途中的员工走上正途,这是另一种成就,只有把事业当成信仰去认真完成的人才能做到这一点。

第二,不以地位的高低来衡量成功与否,将快乐地工作当成坚持下去的动力。

一个优秀的企业家,会把员工当成家人,会把企业当成家庭,会把品牌当成个人信誉,他们在工作中获得了乐趣,让"工作"与"生活"不再分开,而是一同融入生命中去。

或许有人不理解,像陶华碧这样功成名就的人,为什么还要为一个员工投入如此多的精力呢?在陶华碧眼中,所谓的功成名就不过是一个世俗标准,一个人不该因为获得了足够的财富就志得意满,因为这只是一个最初级的成功状态。工作并不只是一个为了谋生而存在的职业或者营生,它应该是一个人终生的追求,这种追求不是一种强迫的绑定,而是能够在工作中获得真实的快乐。当陶华碧陪着小伙子在车间包装辣椒酱时,她计算的并不是这些辣椒酱能卖多少钱,能够亲眼看到自己烹制的辣椒酱从工厂走向全国各地,这才是她毕生追求的成就感。

以这种成就感为动力,陶华碧树立了正确的事业态度,在这种态度的影响下,她把产品和消费者放在第一位,不会为了利润的最大化而行不义之事,也不会为了节约成本而坑害消费者,这就让她的事业变得与众不同,为生命注入了崭新的华彩。有一句话叫作:"工作时间的所作所为,决定你拥有什么;业余时间的所作所为,决定你是什么样的人。"只有把事业当成信仰去付出一生的人,才懂得这句话的真实含义,才能在工作中找寻到只有自己才能体会的快乐。

第三,不以个人的幸福作为成功的标准,而是以创造的价值作为驱动力。

一个总是计较蝇头小利的人,难以做成大事业,因为他只能看到眼前的利益,关注的也是个人利益的得失。

当陶华碧把"老干妈"品牌当成毕生追求的事业以后,她首先牺牲的就是自己的个人幸福。当"老干妈"厂子刚刚建成时,陶华碧几乎每天都在厂子里忙碌,她没有时间去关注自己,也就没有再去找伴侣。当然,一个人的生活必然是孤独和艰难的,但是陶华碧克服了这种负面因素,把早起床当成是一种幸福,把事业当成形影不离的终身伴侣。能够上升到这种境界,是因为陶华碧明白了做事的真实意义,所以不会把它看成是负担,自然事业也对她的付出进行了回报。

在很多人眼里,谈事业的人过于务"虚",其实正是有了这种"虚"的教化和引导,才有了"实"的收获。为什么陶华碧能够带动员工跟着她一起拼命?是因为这些员工把事业当成了信仰,不再计较每个月休息几天、每天能玩多长时间,摆脱了打工者的心态,专注于眼前的工作。

牺牲个人幸福,陶华碧并非完全不在意,她也曾经动摇过,纠结是否要继续带头给大家当榜样。但是,几经思考之后,她发现世界上再没有比事业更能牵动她心绪的存在了,无论她是苦闷、彷徨、恐惧、无奈,还是失望,事业都会像灵丹妙药一般抚慰她的情绪,帮助她克服人生的种种磨难,最终让她看到转机。这种把事业当成信仰去做的劲头,会让一个人每天都充满激情地工作,就像爱默生所说的那样:"一个人,当他全身心地投入自己的工作之中并取得成绩时,他是快乐而放松的。"

当然,陶华碧能够把事业当成信仰去做,并非一开始就如此。她最早干路边摊的时候,完全是出于生活所迫,直到她成立工厂以后,她才渐渐发现自己的事业和万千大众产生了联系:消费者因为辣椒酱,度过了经济最困难的时期;农民因为种植辣椒、大豆,提高了生活水平;员工因为接受陶华碧的教育,开始规划和经营人生;社会因为"老干妈"所缴纳的税,有了公共资金的积累……正是与万事万物产生了关联,陶华碧才深感自己所做的事情有着深刻的意义。

高尚的理想往往是从一个不起眼的念头开始的。从起点来看,陶华碧和绝大多数创业者并没有什么不同,但是在解决了基本的温饱问题之后,陶华碧开始关注的是国家、社会和民众的需要;与之相比,有很多的人只关注如何扩大收益。正是这种差别,让陶华碧成为无数人心中的"老干妈",有着不可撼动的特殊地位。她的产品打动了消费者,她的故事也打动了消费者。

5."真不二价"的定价学问

古时候有个叫韩康的药材商人，懂得医术，经常上山采药，然后将药材拿到集市上出售。因为不少药材贩子故意抬高价格，所以顾客在买药材的时候也会讨价还价，不然必定吃大亏。然而，韩康和其他药材商人不同，他不允许别人讨价还价，于是就有顾客询问原因，韩康表示，他的药材值这个价钱，这就叫"真不二价"。后来，人们发现韩康的药材确实货真价实，于是"真不二价"这句话就流传开了。

其实，把"真不二价"倒过来读，就是"价二不真"，它强调一个核心思想：不同的价格对应不同的商品，也就是说，价格和质量、服务存在正比关系。"真不二价"也反映了一个市场规律：通过恶意压价来占有市场的商业行为，短期内的收益可能会达到甚至超出预期，但从长期经营的角度看，恶意压价往往会伴随着偷工减料。一旦质量难以保证，产品的信誉就无法维护，最终损害的还是商家自己的牌子。所以，"真不二价"并非夸大其词的口号，而是悬挂在商家头上的一面"照妖镜"。

为什么"真不二价"能成为一种经商的准则呢？因为消费者期望买到质量过硬的产品，同样商家也希望自己拥有金字招牌，成为消费者的首选。

提到快消品，就不得不提到"老干妈"。2019年，"老干妈"的销售收入创历史新高，突破50亿元；2020年，"老干妈"的销售收入再创历史新高，超过54亿元。"老干妈"可不是什么电子科技、汽车这些"高大上"的产品，只是摆在桌上的辣椒酱而已，于是在商业领域就流传着一句话：每个人都想成为"老干妈"，但是看懂"老干妈"的人少之又少。

那么，"老干妈"到底哪里让人看不懂呢？大概最让人感到"奇葩"的就是它的"真不二价"了。这可不是一句口号，而是陶华碧打造产品的核心战略。陶华碧虽然可能没有看过现代营销学的经典书籍，却成功地将很多理论应用到了极致。那么，我们就来盘点一下，"真不二价"被应用在了哪些方面。

第一，无法取代的口味和记忆。

"老干妈"的口味是独一无二的，特别是在陶华碧的设计下，"老干妈"系列被做成了复合口味，比如，"拳头产品"风味豆豉油制辣椒一直是销量冠军，获得了大批消费者的认可。豆豉是发酵产品，加上其他配料，风味豆豉的味道留在了每个食客的记忆深处。

就食品而言，味道就是王道，陶华碧掌控了味道的法门，就有了底气。"老干妈"带给消费者独特的味觉记忆，让它物有所值，甚至物超所值。

第二，无法比拟的强势经销原则。

敢于打出"真不二价"旗号的产品，都有一种自信。这种自信既体现在对消费者负责上，也体现在对经销商的"硬气"上。陶华碧对经销商的规矩一向很多，比如，发货必须以火车皮为单位，量小绝对不发，因为每一瓶辣椒酱的利润空间非常有限，有的产品每一瓶的利润甚至只有几角钱。陶华碧从来不会频繁地举办经销商大会，不会像其他快消品企业那样"讨好"经销商，结果就是别人一年开一次还觉得不过瘾，陶华碧可能两年开一次,而且还要省区合并。以上种种表现,和韩康掷地有声的回应一样:我的东西保真保值,就这个价,就这个态度。

把产品做成"硬通货",意味着你只要拿到货,就能赚到钱,这就是陶华碧所展现出的豪气和底气,也是很多经销商选择与她合作的核心原因:流通速度快,风险小,安全可靠。

站在经销商者的角度看,厂家越是硬气,经销商心里就越有底气,因为这代表厂家相信自己的产品;相反,如果厂家总是不遗余力地讨好经销商,似乎对产品缺乏信心,必须依靠强大的销售网络才能出货。所以,"真不二价"所体现出的霸气,不是所有品牌都具备的。

强势的经销原则看似和消费者无关,但出发点是保障消费者的权益。陶华碧选择的辣椒原料的主产地在遵义,遵义辣椒曾经是出口免检产品,但对陶华碧来说,"免检"并不是神圣的标签,她依然会提出自己的要求,比如,辣椒必须全部剪蒂,剪过的辣椒再经过分装,就没有杂质了。谁如果对这些"苛刻"的要求不满,那就不要和她合作。正是基于这种强势的态度,陶华碧最后在贵州建立了无公害干辣椒基地和绿色产品原材料基地,这样一来,更没有人会仗着自己是原材料供应商而影响陶华碧的材料选择了。

第三,无可挑剔的定价策略。

无论是调味品还是佐餐小菜,都不是食品行业中的高档商品,但大众化并不意味着低质量,"老干妈""牛栏山"这些品牌同样占据了市场的主导地位,主要原因是它们有自己的高标准——产品必须保真。有些企业为了打价格战,总是"暗搓搓"地使用降低成本的套路,让消费者看似少花了钱,实则吃了亏。当然,高价对好货是不变的道理,但是陶华碧不会因为低价而让"差货"变得理所应当,她会综合衡量产品的定价和定位,最后确定一个可以调和的区间。

以风味豆豉油制辣椒为例,该产品分210g和280g两种规格。210g产品的定价在8元左右,280g产品的定价在9元左右,而其他主要产品按照不同规格,价格稍有区别,但大部分集中在7—10元的价位区间,这也是主流的消费区间。因为"老干妈"强大的品牌号召力,其他品牌只能选择避让。这样一来,在固定的价位区间里,"老干妈"在性价比上一骑绝尘。"老干妈"常年保持稳定的价格,用独到的定价策略让消费者明白:"老干妈"的品质配得上这个价格,这个价格买"老干妈"不亏。

陶华碧重视定价策略,是因为她知道价格关系到品牌形象和目标人群的消费意愿,产品不能随意通过价格变动来建立所谓的竞争优势,因为这可能使目标人群转向其他品牌。同样,稳定的价格也会在一定程度上锁定一批消费者,形成消费习惯,从而维持企业的稳定发展。

陶华碧之所以带着"老干妈"系列在市场上创造了种种奇迹,核心不在于她多么会营销,而在于她多么用心地做产品。"老干妈"能够获得消费者的广泛认可,终归是依靠强大的产品。"老干妈"带给了消费者实惠,也让那些盲目跟风的同类产品遭遇了挑战。这并非对市场的垄断,而是对市场的有效规范和有益引导。

6. 不要现金"流",只要现金"留"

做生意就是为了赚钱,不过赚钱要有一个转化过程,即把产品或者服务推向目标人群并最终促使他们产生消费行为。当然,不同的行业有不同的转化时间,而不同的企业家对待现金的流转也有不同的态度。在这个方面,陶华碧就显得和很多企业家不大一样:她特别执着于"钱款当面两清"。

平心而论,陶华碧是一个并不专注于盈利的商人,但她一直主张"一手交钱,一手交货"的原则。她为什么如此看重现金流量呢?

现金流量是一个企业是否处于健康经营状态的评估指标。从更专业的角度看,现金流量指的是在某个时间段内,特定的经济单位为了达到某种目的,在经济活动中所产生的资金流入和流出的情况。当然,我们可以简单地将其理解为企业能够立刻拿出来使用的现金。

这样看来,现金流量对于企业来说,是风险对抗能力的象征。毕竟市场瞬息万变,一旦企业不能在危难之际拿出钱来应急,后果就不堪设想。从某种角度看,现金流量的重要程度超过了单纯的产品利润,因为即使利润低,只要回款快,企业的现金流量就充足;而如果只是利润高,但回款周期长,那么企业的现金流量很快就会枯竭。

现金流量的充足与否也不完全取决于回款速度,还和企业自身的地位有关,比如,京东等超级巨头,在它们的财务报表上,净营收、净利润等纸面数据会不尽如人意(比如同比、环比数据下降),可它们依然拥有庞大的现金流量。这是因为这种级别的电商平台,对供货商有很强的谈判优势,会让供货商"先货后款"。这意味着准备好的钱可以延期支付,那么这笔钱就可以先用在其他方面,让企业在经营和投资方面有更大的自主权和更多的选择权。

那么,陶华碧为什么重视现金流量呢?是因为她看了很多财会和金融方面的书籍吗?当然不是。从骨子里讲,陶华碧的思维方式仍然有小农意识的影子。基于过去的经历,陶华碧必须把现金牢牢抓在手里才能放心,毕竟她有两个孩子要养活,后来又有一帮员工要养活,她只想实实在在地赚钱,所以才定下了"一手交钱,一手交货"的规矩。

陶华碧曾说:"我有多大本事,就做多大的事。踏踏实实地做,不欠别人一分钱,但是别人也不能欠我一分钱,这样才能持久。"

"不欠别人一分钱",这是陶华碧前半生所经历的磨难教给她的。当初,陶华碧为给丈夫看病,欠下了几万元的债务,婆婆担心债主上门讨债,直接和她断了来往,让陶华碧痛不欲生,后来她硬是靠着摆摊开店,一点一点地还清了债务。她曾经暗自发誓,以后绝对不会再欠别人一分钱。

还债的压力让陶华碧树立了"互不相欠"的行事准则,这个准则更是贯穿到"老干妈"所坚持的经营理念中,而且这一坚持就是几十年。她无论是面对上游供货商,还是下游的经销商,都要求钱款当面点清。实际上,企业之间广泛存在着"三角债",而陶华碧的这种做法和国内商界的现状几乎是背道而驰的。

据不完全统计，从20世纪80年代开始，全国工业企业不正常的拖欠大约有500亿元，而进入90年代以后，这个数字猛增到了2000亿。针对这种不正常的现象，国家还专门召开了会议。一些权威人士分析，造成这种现象的主要原因是产业结构的不合理，一些产品无法及时清库存，而产品积压就意味着现金流通被扼住，结果整个产业内就出现了"多米诺骨牌效应"。

在全民讨债蔚然成风的背景下，陶华碧始终坚持着她的"现金法则"，而且这是一个并不"双标"的法则。曾经与陶华碧合作过的原料供应商表示，陶华碧收辣椒从来都是现款现货，辣椒酱原料一通过检测，供应商就能去财务部门结清钱款，陶华碧绝对不会拖欠。

陶华碧是农民出身，了解农民的辛苦，所以她最想看到的就是辣椒农拉着货进厂、拿着钞票回家。陶华碧对供应商如此，对经销商也是如此。不论多忙，不管经销商和"老干妈"是多少年的合作关系，在钱的问题上，绝对没有"后门"。有时候，一些供应商因为意外原因不能及时结账，反倒是"老干妈"财务部门的工作人员火急火燎地打电话催促他们来结账。

陶华碧在很多公开场合表示过，"老干妈"和代理商以及供货商之间互不欠账，"老干妈"用质量来赢得市场，和很多供应商从建厂开始，一直合作至今。当然，对陶华碧的这种做法，外界也是褒贬不一，有人觉得她是掏钱爽快的耿直人，也有人认为她性子太犟、不懂变通。其实，陶华碧从来不会钩心斗角，也不会阴险使诈，她只是敢想敢干，而这种直来直去的思路让"老干妈"一直没有呆账、坏账，即便利润空间有限，但是只要生产，就会有盈余，就会有充足的现金。

有人透露，陶华碧的账本非常简单，上面仅仅写着"收入"和"支出"两项，而没有"应收账款"和"赊欠数目"等常见类目。陶华碧曾表示，她不愿意把时间投入到讨债上，所以宁可便宜一些给经销商，也不愿意在高价的诱惑下"先货后款"。这种做法虽然在某些人看来不够"精明"，但合作方给陶华碧的评价就是省心、放心和安心。

当"老干妈"逐渐发展壮大以后，很多代理商主动上门，打算和陶华碧合作。这时的陶华碧也的确有了面对代理商的勇气，她愿意和代理商合作，但她也有自己的条件。陶华碧推行保证金制度：一个省设立一个代理商，上海和北京共设立一个代理商，代理商必须缴纳一定数额的保证金。这让不少代理商望而却步。陶华碧并非掉进了钱眼里。因为"老干妈"的出货量较大，没有现金支持是很难完成交易的，而如果代理商只是一个空壳，就会形成大量的"三角债"，最后拖垮"老干妈"，所以她需要通过保证金来试探代理商的底细。陶华碧用这套打法，让"老干妈"进入快速、平稳的发展轨道。

正是有了这种经营思路，"老干妈"才建立了一道坚固的"现金壁垒"。"老干妈"无论是遭遇经济寒冬，还是金融危机，都能够顽强抵抗外来的风险，不会伤及"骨肉"。

企业文化是企业家文化的折射，陶华碧用最原始、最简单的交易方式，确定了"现金为王"的策略。她比任何人都明白这个简单的道理，并坚定地用自己的方法解决问题。

总而言之，企业如果忽视了对现金的控制，就等于没有正常的血液循环，这对企业的发展而言是极为不利的。陶华碧正是凭着一种朴素的金钱观，选择了一条对"老干妈"而言极为正确的财务管理之道，让这个品牌始终保持健康、阳光和活力。

7. 企业文化就一个字：纯

如今，不少企业的领导者都苦心研究企业文化，有的直接照抄西方企业的文化，有的按照领导者的个人喜好胡乱编造企业文化，有的为了营销而乱造企业文化……真正做好企业文化的不多。当然，造成这种现象的原因是多方面的，其中最重要的原因就是领导者"不接地气"，只想刻意营造出一种"高大上"的感觉。

陶华碧没有什么文化，但这并不代表她不重视企业文化。实际上，她很看重团队成员的合作精神、敬业态度以及职业道德，也深刻地了解领导者应该尽可能消除和员工之间的隔阂，缩短心理距离。她没有刻意地打造企业文化，因为在她心中，真正的企业文化是伴随着企业的发展壮大而自然形成的。企业文化是什么，领导者说了不算，员工说了也不算，只有当领导者和员工共同感受到时才算数。

"老干妈"的创业之路，基本上没有什么天时、地利、人和的幸运因素，完全是陶华碧奋发图强，带着员工一步一个脚印走出来的。和很多创业者相比，陶华碧的起点的确很低，然而"老干妈"这个品牌走向了全世界。

可以说，陶华碧做到了那些比她更有背景、更有文化和更有资源的人所做不到的事情，而这就是陶华碧身上的"纯"所造就的。

什么是"纯"？专一不杂的品质、纯粹美好的品格……这些都是对"纯"的解释，整合起来，就是不掺杂任何无关因素地做某件事或者证明某条真理。对陶华碧来说，创业上的"纯"就是不通过不道德或者非法的手段参与竞争，只依靠自己的真实能力；而守业上的"纯"，就是不过多地暴露在媒体面前，不和商业圈子之外的人频繁联系，所以我们很少能够看到有关陶华碧的新闻报道。

多少年来，陶华碧和很多企业家的做法截然相反，一直在躲避记者的镜头。很多企业家想为自己打造良好的人设，借此为企业的效益铺路，所以生怕媒体不关注自己，不会轻易错过任何一个露脸亮相的机会。陶华碧为什么不愿意被媒体报道呢？因为她认为自己就是一个带着大家干实事的人，而干实事的人为什么要整天活跃在和实事无关的新闻报道中呢？这样只会浪费她宝贵的时间。

当然，陶华碧并不是害怕媒体，该出现在镜头前的时候，她从来不含糊。比如，在参加两会时，陶华碧敢于在大众面前慷慨陈词，向大家讲述自己的观点，因为这时候的她是一个参会人员，有反映人民群众意见的义务，此时如果继续保持沉默，就是在漠视人民赋予她的权力，而她这种敢于直言的个性仍然是"纯"的体现。

从某种角度看，企业文化和企业创办者的性格有着很密切的联系。"老干妈"是一个低调的品牌，很少看到它的广告，这是因为陶华碧经营的重点是出售辣椒酱而不是营销辣椒酱。这种低调从侧面反映出"老干妈"产品内敛的特点，而这也和陶华碧的低调个性不无关联。

有记者在两会期间采访陶华碧，陶华碧表示从来没有把自己当成什么名人,她也不想和影星一样被记者包围着。她没有想要发表的观点时,就会主动躲开记者,有一次甚至为了躲避记者,还迷了路,最后助理花了很大工夫才和她取得了联系。这种低调代表了"老干妈"系列产品的特点:普通的包装、出众的味道。

"纯"意味着只关注有限的几件事,遇到分散精力的事情就躲开。这既是"老干妈"的产品特征,也是陶华碧所坚持的做人原则。据说,陶华碧曾经给团队下过指令:绝不接受媒体的采访。

陶华碧之所以下这样的命令,倒不是担心管理层在公众面前说错话,而是想让管理层在管理上集中注意力,聚焦产品,关注员工,用事实证明"老干妈"的口碑经得起市场的检验和时间的考验,而一旦和媒体产生过多的交集,就难免心浮气躁。

陶华碧的这种低调,让"老干妈"收获了非常好的行业口碑,媒体对"老干妈"基本上没有负面的评价,而对陶华碧本人也是给予低调、忠诚、勤勉等正面的肯定。

或许有人会觉得,"纯"作为企业文化,似乎不能展示出强大的力量,但"纯"代表一种执着和坚定,陶华碧在创业初期,就是靠着一股子"纯"劲儿,带着"老干妈"走上了康庄大道。

"老干妈"建厂初期,陶华碧默默无闻,当时厂子最需要的就是装辣椒酱的玻璃瓶,但是陶华碧重视食品安全,不会随便选择玻璃制品。她在一番搜寻后,找到了贵阳市第二玻璃厂,当时贵阳市第二玻璃厂的年产量是1.8万吨,陶华碧的需求量与之相比实在不值一提,对于大厂来说,也没什么合作的必要,于是厂长拒绝了陶华碧提出的定制玻璃瓶的要求。如果换成其他人,可能就会物色新的合作对象,但是陶华碧不这么想,她就是看中了贵阳市第二玻璃厂的高品质玻璃瓶,于是就和厂长进行了谈判:

"哪个娃儿是一生下来就是一大个哦,都是慢慢长大的嘛。今天你要不给我瓶子,我就不走了。"

此时此刻,陶华碧心中的目标非常简单:拿到贵阳市第二玻璃厂的玻璃瓶。为了达到这个目的,她软磨硬泡,用这股"纯"劲儿说服了厂长,厂长最终同意陶华碧每次到厂里选几十个瓶子,用提篮拎回去用,这基本上满足了陶华碧的需求。陶华碧放下老板的架子,亲自挎着篮子去玻璃厂选瓶子,此时她不在意自己的形象如何,她想的只是让自己的辣椒酱有可靠的包装,这就是"纯"的力量。

纯粹的人,往往更看重感情而较少算计。"老干妈"的规模扩大之后,主动寻求合作的企业越来越多,其中就有来自郑州、重庆等地的大型企业,贵阳第二玻璃厂和它们相比,失去了竞争优势,然而陶华碧始终保持和该厂的合作关系,因为她记得自己需要帮助的时候,是贵阳第二玻璃厂伸出了援手。其他人也许不会顾念旧情,但是陶华碧的"纯"让她非常重视与贵阳第二玻璃厂多年的合作关系,并把"老干妈"近16%的玻璃瓶都交给贵阳第二玻璃厂生产。该厂一共有4条生产线,其中3条都是为"老干妈"全天候开动的。

产品的走红,企业的崛起,品牌的风行,其实背后都离不开人的努力,特别是给众人带路的创业者的努力。创业者的格局决定企业的格局,也决定企业未来的发展路径。陶华碧坚守初衷,用纯朴的心意经营"老干妈",专注于产品,一门心思地将辣椒酱做好,使得"老干妈"不断发展壮大。

Chapter 4

用金杯银杯换口碑

1. 不熟悉的碰都不碰

产品定位准确,就能更好地抓住客户;定位错误,客户就可能流失。这个道理虽然简单易懂,但是当人手里有了充足的资金之后,往往就生出野心,去涉足定位之外的领域,这就是所谓的"跨界"。

为什么人们喜欢"跨界"呢?"跨界"在本质上还是追逐利益,比较典型的是意大利的奢侈品牌范思哲曾经和中国的企业合作建造了一座范思哲公寓,另一个奢侈品牌阿玛尼看了以后也跃跃欲试,想要建造豪华住宅,诸如此类的案例不胜枚举。总之,企业做大了,领导者的心也变"野"了,他们都想在原本不属于自己的领域中分一杯羹。

"老干妈"规模壮大之后,陶华碧手里有钱了,于是就有人劝她:现在房地产行业很火,你不如拿一点钱去做投资吧。

单从经济收益上看,当时的房地产行业的确前景广阔,似乎涉足一下也未尝不可,然而陶华碧干净利落地拒绝了这个建议,她给出的理由是"我做本行,不跨行,就实实在在把它做大做好,做专做精"。

这就是陶华碧的执着,只要她认准的事,必然要"一条道跑到黑",不论中途遇到什么挫折,什么诱惑,她总是能够心无旁骛地盯着终点。她认为,只有跑到终点,才对得起当初的自己,这就是不忘初心。

路走得久了,就容易忘掉最开始设定的目的地,这其实是人性的弱点。启程时,人们看到的东西有限,上路以后,会发现沿途有很多分散注意力的东西,有些人走着走着就偏离了最初的目标。

陶华碧认准的事情就是要坚持到底,所以她不会做"跨界"经营,她要做的是扩大生产。

所谓"扩大生产",指的是在相关领域上进行开拓,触类旁通。比如,如果"老干妈"要建造公寓,那就是"跨界";可如果"老干妈"要生产调味品,那就是扩大生产。从这个角度看,扩大生产是在现有产品的基础上进一步扩大影响力。

其实,陶华碧在创办"老干妈"之初,并没有考虑做其他产品。"老干妈"这一品牌长期保持单一性,这种单一性容易被消费者接受,以至于只要听到"老干妈"就会想到辣椒酱。不过,辣椒酱的受众十分有限,毕竟人的口味是比较多样的,所以陶华碧大胆创新出了"老干妈香辣菜""老干妈风味腐乳""老干妈油辣椒"等20多种产品。"老干妈风味腐乳"进入市场之后,甚至对"王致和腐乳"产生了一定的影响。

过去,有人觉得陶华碧之所以不"跨界"是因为经营思维保守。当"老干妈风味腐乳"诞生之后,人们不禁对陶华碧刮目相看。"王致和"这个品牌的市场竞争力很强,它始创于康熙八年,也就是1669年,距今已有三百多年的历史。"老干妈"作为一个缺少历史底蕴的新品牌,品牌号召力无法和"王致和"相比,但是陶华碧"不信这个邪",她开创性地将一个不辣的产品送上了人们的餐桌,那就是"老干妈风味腐乳"。

陶华碧走出这一步也是经过深思熟虑的。之前的"老干妈"系列产品都属于辣椒酱,只不过有的是香辣口味,有的是麻辣口味,在这一背景下,推出风味腐乳既是对自身技术的挑战,也是对消费者接受程度的试探,有一定的风险。在新的发展方向面前,她的作风是要么不做,要做就坚持到底,作出决策就不再怀疑自己的判断。

产品线填充(在现有产品线的经营范围以内增加新的产品项目,从而延长产品线)在食品行业内非常普遍。当时的王守义十三香调味品集团也进行了大胆的改革,开发出了包子和饺子调料包、炖肉料、炖鸡料以及炖鱼料等上百个品种的产品,而依靠酱油起家的海天集团也斥资20亿打造调料品帝国,还有上海太太乐食品有限公司在鸡精、鸡汁以外,研制了蚝油……总而言之,食品行业里做产品线填充的数不胜数,这种势头很快让陶华碧感受到了压力。

陶华碧看着群雄割据的调味料市场,始终保持冷静,她知道这时作为领导者要临阵不慌,不能盲目地作出进攻或者防守的决策,而是应该先考虑好各种应对策略,确保"老干妈"在这场纷争中存活下来。

产品线填充虽然和"跨界"有很大的不同,但如果增加的产品项目太多,本质上还是会犯和"跨界"相似的错误。20世纪90年代,国内有一款名叫"汾煌可乐"的饮料,鼎盛时期可以和同时代的"非常可乐""健力宝"齐名,占较大的市场份额,然而进入2000年以后,"汾湟"过度开发产品,从饮料延伸到了棒棒冰、泡泡糖这些小食品上,结果因为投入的资金过多而不堪重负,最后迅速衰落。

陶华碧深知盲目开发产品的危险性,她不能让"老干妈"重蹈覆辙。她在深思熟虑之后,推出了佐餐开胃菜系列,产品一经推出,立即引起人们的关注。佐餐开胃菜和辣椒酱有很大的不同,因为它可以直接当成小菜来吃。其实,陶华碧认为调味料市场已经趋于饱和,"老干妈"贸然进入的话，只能陷入残酷的"红海市场"，而当时的佐餐小菜市场还是一个小众市场。佐餐小菜介于调味料和正菜之间，非常符合当下人们懒得做饭、又不满足于只吃辣椒酱的心理，最后经过准确的市场反馈之后，才开发了这款产品。

佐餐小菜的推出，印证了陶华碧的商业眼光是独到的，而她也敲定了"谨慎为上"的产品延续策略：既不受限于固有的品类，又不盲目研发新品类，依托"老干妈"自身的产品基础开发新品。这时推出的产品都具有两面性：既可以归类为调味料，也可以当作开胃菜。

为了让佐餐小菜符合消费者的口味，陶华碧进行了上千次的试验，因为她知道这个尺度并不好把握：味道差了，还不如自己做菜；味道好了，又会冲击辣椒酱产品的地位。陶华碧对佐餐小菜的理解就是，人们吃惯了大鱼大肉之后，想要一款足以开胃的小菜。今天，"懒人经济"已经成为业界共识，不少企业都在这个背景之下开发新的产品。陶华碧更早地意识到懒人对佐餐小菜的旺盛需求，她正是抓住了这个商机，才成功开发出了新产品。

现在，繁荣的外卖和各种速食食品宣告着一个重要的信息：人们已经越来越不喜欢进入厨房了。谁开发的产品能够顺应这种趋势，谁就能霸占消费者的餐桌，进而留住他们的心。陶华碧凭借着一双慧眼，捕捉到了这个商机，实现了产品的合理延续，提高了人们对"老干妈"系列产品的认知度和好感度。

2. 口头传播,"纯天然"广告最"香"

几乎没有哪个企业没做过广告,广告在某种程度上决定了企业的知名度,而企业知名度对销量有重要影响。当然,广告的媒介有很多,有属于传统媒体的电视、广播,也有新媒体,不过仍然有企业喜欢用口头传播的方式推广产品。

口头传播也叫作"语言传播",主要是借助有声语言所进行的信息传播与交流。和其他传播方式相比,口头传播更简便,通常不用借助其他媒介,且易于表达感情,效果明显,反馈迅速。

陶华碧当初开实惠饭店的时候,就是靠着顾客的口耳相传而远近闻名,这种以消费者为传播主体的营销方式看起来有些原始,却有深厚的爆发力。这种营销方式在线下开展,消费者向亲朋好友传达"老干妈"好吃的信息,将"熟人经济"的效能发挥到最大。相比今天的网络营销,口头传播虽然在传播范围、传播速度等方面落后了很多,但转化率很高,因为人们对身边熟悉的人所推荐的美食更容易有消费冲动。

从1996年成立贵阳南明老干妈风味食品有限责任公司以来,陶华碧很快就把40个人的小厂发展为5000多人的大厂,当初运输辣椒酱是用论斤装的瓶子,如今却是用千吨重的大油罐。"老干妈"发展得如此迅速,和"蜂鸣营销"不无联系。

"老干妈"以惊人的速度发展,然而它的发展并非靠富有创意的广告,更不是靠如今互联网常见的"水军"和"营销号",而是靠亲朋好友的推荐,这正是"蜂鸣营销"的力量。

"蜂鸣营销"并不高深莫测,它是一种非常规的营销手段,以消费者告知消费者的方式传递信息,看似推广速度不快,但一旦积蓄成势,就有极强的爆发后劲。世界上有很多知名企业都运用过"蜂鸣营销"的策略。

有一年,宝洁公司为了宣传刚研发出来的清洁剂,雇了一些装扮成家庭妇女的群众演员,让她们混迹于各大超市,然后围在一起讨论该款清洁剂的效果有多么好。因为家庭主妇这个身份给人一种信任感,所以很多人都买了这款清洁剂。宝洁公司用这种方式让新产品迅速占领了市场。无独有偶,索尼公司也使用了和宝洁公司差不多的策略,雇人假扮情侣,让路人帮他们拍照,结果路人在拍照的过程中,对情侣递给自己的索尼手机产生了浓厚的兴趣,该手机的知名度因此暴增。

当然,上述所说的"蜂鸣营销"只是商家有意制造的假象,而"老干妈"的口头营销可是由真实的消费者完成的。没上过几天学的陶华碧很可能并不知道"蜂鸣营销"的相关理论,但是她用天生的犟劲达到了"蜂鸣营销"的效果。

"蜂鸣营销"的核心不是占领市场,而是占领消费者的心,是比传统广告更为精准的传播方式,能够唤起消费者的共鸣。陶华碧虽然没有为"老干妈"打过广告,但是她直接瞄准了三大消费群体:学生、长途货车司机和农民工。

按照心理学的观点,一个人在青少年时代对某种事物的记忆,容易影响日后其产生的认知和情感,比如现在常说的"情怀消费"就和这种现象有关。

同样,"老干妈"系列也是在学生时代进入消费者的记忆中的,有的学生是因为家庭经济状况不好,选择不超过十元钱的"老干妈"配饭;有的学生是因为食堂的饭菜不好吃,用"老干妈"来佐餐。不管是哪种情况,学生吃饭时,都会聚集在一起。只要有一个人吃了"老干妈",其他人就有机会品尝,也容易被"蜂鸣营销"。当这些学生升学或者走出校门以后,他们对"老干妈"的记忆是不变的,甚至还会随着时间的推移而愈发深刻,这就让他们在进入大学或者工作以后,仍然把"老干妈"当成生活的必需品。他们在成长的过程中,还会一直向身边的人推荐"老干妈",让更多的人了解并爱上这个品牌。

和学生一样,长途货车司机受限于特殊的工作环境,饮食非常不规律,而便于携带和保存的"老干妈"就是下饭菜的最佳选择。虽然司机已经过了青少年时代,但是他们的活动半径远远超出普通人,这就意味着他们可以把对"老干妈"的赞誉和记忆传播到更远的地方。最典型的地方就是广州,它是"老干妈"最先爆发的区域市场,"老干妈"从这里逐步向全国扩张。为什么广州会形成传播的爆点呢?这是因为广州一直有大量的外来人口涌入,货运行业十分发达,长途货车司机有很大的概率会途经或者到达这里,自然就有了向同行介绍"老干妈"系列产品的机会。

农民工也是"老干妈"的主要受众群体之一,他们选择酱菜类的食品,一是因为经济实惠,二是因为方便携带。农民工经常聚集在一起,流动性也很大,能在群体内部快速提高"老干妈"的品牌知名度,也能在地理意义上将"老干妈"推广到更远的地方去。当然,农民工选择"老干妈"还出于一种独特的情怀,那就是"老干妈"这个称呼能够唤起他们对家乡的思念。农民工大多背井离乡去异地打工,工作辛苦,生活单调,在休息之余,吃几口"老干妈"的辣椒酱,就会找到回家的感觉,在情感上产生强烈的共鸣,而这种共鸣会促使他们向有着相似经历的人推荐这个产品,从而进一步提高"老干妈"的知名度。

巧合的是,陶华碧的其他经营战略也在一定程度上配合"蜂鸣营销",产生了宣传的叠加效果,比如"老干妈"那简单不变的包装,几十年来一直存在于人们的记忆中,这就让人们在口口相传中将品牌符号化,只要看一眼"老干妈"的瓶子,无论过多久,去哪里都能准确地买到,这就让口头传播有了积极的反馈。假如一年一换包装,拿着瓶子去超市都找不到"老干妈",又如何把品牌符号持续地传递下去呢?所以,不要看"老干妈"的包装土气,这种土气实际上牢牢地扎根在很多人的记忆里,比华而不实的包装有更好的传播效果。

凭借"蜂鸣营销","老干妈"逐渐成长为中国食品行业中的一张名片,人们只需要一句话、一勺辣椒酱,甚至一个空瓶子,就能把有关"老干妈"的记忆不断传递下去,让更多的人在品尝这独特的辣味时,找到属于自己的记忆。记忆联结着情感,这情感就会产生强大的社会推广作用,让"老干妈"稳居行业的头把交椅,牵动着万千人的心。

3. 来自民间的"加减营销"法

营销,最忌讳的就是大而全,把自家的产品优点一个不落地全部罗列出来,只差一句"我们的产品是世界上最完美的"。这种营销的效果并不理想,因为受众很难形成一个简明清晰的认识,更不利于和友商拉开距离,而真正高明的营销则是突出卖点,只用简单的几句话就让消费者发现产品好在哪里、适不适合自己。归根结底,做营销不能太贪心。

"老干妈"从贵州走向全国,经历了一个曲折的过程,其中有对商业宣传的探索,也有对消费者心态的探索。在这一连串的探索过程中,陶华碧渐渐摸索出一条适用于"老干妈"的营销之道。

众所周知,北方各省份喜欢吃辣的人没有南方那么多,所以"老干妈"在进入北方市场之后,遭遇了销量不佳的挫折。论起名号,没有人不知道"老干妈"的,但是真掏钱买的人不多。为此,陶华碧让市场部门进行调查,最后发现是因为没有促销员导致的。

如今,各大超市、商场都有一些站在货架前的促销员,他们会对来往的顾客主动推销,通过试用、试吃,甚至试穿的方式来推销产品,因为一些顾客不好意思"白吃白用",结果就抹不开面子地付款了。这种推销模式很适合线下,但是,因为"老干妈"没有固定的促销员,导致想要购买辣椒酱的顾客被其他品牌的促销员带走了,他们并不是不知道"老干妈",而是拗不过热情、执着的促销员,于是无形中就有一道壁垒,将"老干妈"挡在了北方市场的外面。

陶华碧得知这个情况后,十分感慨地表示:自己努力了半天,知名度上去了,却被别的辣椒酱抢了市场。陶华碧骨子里不服输的劲头上来了,她不信自己的辣椒酱到了北方就会"水土不服",她必须闯出一片天来给别人看看。为此,陶华碧还特意鼓励员工:"失败不是成功之母,失败后的总结才是成功之母。"

为了得到真实的一手资料,陶华碧专门派出团队在北方某省的超市"卧底",结果发现,其他品牌的促销员会刻意提到"老干妈"辣椒酱的包装土气,里面黑乎乎的,"忽悠"走了本来奔着"老干妈"去的顾客。这个情况被汇报给陶华碧以后,她的火气上来了,但这是市场竞争无法避免的现象,于是她开始和大家研究办法。

当时,有人提出要换包装,这样"老干妈"也就一样"适合送礼"了,但是陶华碧断然拒绝,因为这样做会增加无谓的成本。还有人提出,在超市里也配上"老干妈"专属的促销员,同样被陶华碧否决了,因为她觉得这样会增加更多的营销成本,促销员的工资最终还是要从消费者身上赚回来,那么"老干妈"要么涨价,要么减量,这种损害消费者的事情她干不出来。

陶华碧的出发点大家能理解,可既不想多花钱,又想达到营销效果,天下有这样的好事吗?

天下没有免费的午餐,所以陶华碧采用了一套"加减营销"的办法,达到了目的。所谓"加减营销",其实就是在做减法的同时做加法,确保整体优势不减，甚至部分加强，比如某款汽车为了环保而减少了排量，但是又提升了动力，让消费者和社会都受益。同理，陶华碧的"加减营销"就是在减少换包装、派驻促销员这些看似不可或缺的花销同时，优化营销的效果。

在创业之初，陶华碧就很有远见地招聘了几个营销专家，不过之前并没有过度依赖他们，主要还是依靠"蜂鸣营销"，但现在要破局，就必须加大力度。于是，陶华碧把这些专家分派到全国各地的商品交易展览会上，让他们带着"老干妈"辣椒酱，出现在琳琅满目的产品之中。在当时的云南商品展览会上，陶华碧采用半卖半送的方法进行推广，然后让营销专家进行辅助推广，让喜欢吃辣的人了解"老干妈"这个品牌并产生好感。把有限的资金投入到为数不多的展览会、集会上，以最低的营销成本换取最好的推广效果。

除了借助大型展会之外，陶华碧还把营销的重点放在货车司机身上。当时贵阳的龙洞堡国际机场已经修建完毕，而"老干妈"的厂房就在机场和贵阳市区之间，是一个位置极佳的交通要道。于是，陶华碧有意让货车司机们直接接触产品，而不是通过经销商接触产品。因为"老干妈"早年在货车司机群体中积累的人气非常高，所以很多货车司机开着车直接到"老干妈"的厂房门口，不为别的，就是为了能够拉到三五箱的辣椒酱，让旅途中有可以佐餐的美味。

为了营造声势，陶华碧并没有特意为这些司机开绿色通道，而是让他们早早地在厂区里面排队，而这个时间段往往是早高峰时段。只要路过这里，就会看到一排货车、重型卡车在这里等待着，自然就有其他司机询问发生了什么事，这时货车司机会告诉他们真相：大家在为拉"老干妈"的货而排队！于是，越来越多的人知道了"老干妈"，更知道了它的受欢迎程度,这条路上过往的车辆并不都是本地的,而这些非本地车辆的司机又将"老干妈"推广到了外省,效果并不次于促销员的如簧巧舌。在货车司机拉到货以后,开往全国各地的大车就像是"老干妈"的流动广告车,让更多的消费者认识了这一品牌。

陶华碧的"货车营销"效果显著,后来她又把手段升级,推出了"飞机营销"。通过空乘人员向乘客推荐"老干妈"辣椒酱,把品牌知名度从陆地推向了空中。

"加减营销",就是把别人认为该花的钱省下来,而在别人没有想到的地方发力,在总支出基本不变的前提下,改变最终的结果。不得不说,这源于陶华碧的生活智慧,因为她深知赚钱有多难,所以绝不会任性地乱花钱。

陶华碧在营销手段上做"加减法",在产量上也做过"加减法"。在"老干妈"辣椒酱逐步闻名全国以后,陶华碧特意调整了产品进出两端的任务量,让"老干妈"全系列的产品产量都有所下降,并集中精力研发后续产品,开发出了"老干妈红油腐乳",结果这款腐乳一上市,销量竟然直逼"王致和腐乳"。

从表面上看,陶华碧这是在用"饥饿营销"来吊消费者的胃口,但其实这并非标准的"饥饿营销",因为"老干妈"在下调产量的同时开发新品,无论是时间,还是资金,都没有浪费,而且这个策略只存在于特定的时间段。这个产量做减法、研发做加法的策略,确实提高了消费者对"老干妈"的需求度和认可度,让很多人忽然意识到:原来自己离不开"老干妈"。

其实,陶华碧并不想使用这些五花八门的套路,她只想堂堂正正地用产品跟市场对话,但激烈的商业竞争并不会给她创造这样"真空"的环境,难免会有同行对"老干妈"进行攻击。陶华碧当然要反击,她因此逐渐摸索出一套"加减营销"的推广法则和竞争策略,帮助"老干妈"渡过了一个又一个难关。

陶华碧始终坚信,在创业时,遇到困难不要害怕,更不要坐以待毙,不能原地等着大风过来,而是要主动出击,寻找机会。正是她这种敢打敢拼的创业劲头,终于让"老干妈"在残酷的市场竞争中"杀出一条血路"。难能可贵的是,"老干妈"的营销成功不是以攻击竞品为代价的,而是真正地抓住了消费者的心,让消费者作出选择。这样的营销手段既"干净"又有效,也成了"老干妈"独特的竞争文化中的一部分。

4. 我的名字就是信誉

如今"人设"是一个很流行的名词,很多政界人士、明星,乃至各个圈子中的意见领袖,但凡能叫出名的、有一定"粉丝"量的,都会给自己立"人设",也经常有"'人设'崩塌""我很'吃'这个'人设'"的说法。自然,一些企业家也不甘落后地立"人设",有像乔布斯那样的"偏执狂人设",也有像马斯克那样的"幻想家人设",甚至很多物品也能立"人设",比如产品"人设"或者品牌"人设",总之,万物皆可"人设"。

为什么大家对"人设"如此感兴趣呢?因为从人类的认知习惯来看,人们更能理解带标签的事物,而给事物贴上一个容易理解和记忆的标签,能加快信息传播的速度,比如香奈儿和古驰,只要看到或者听到这两个名字,人们就能瞬间产生对品牌的联想。这种联想对于品牌和消费者来说,都很重要。

从营销学的角度看,创立一个品牌,单单有一个容易记住的名字和标识是不够的,还需要通过"人设"来强化认知。那么,深受大众喜爱的"老干妈"是否也有自己的"人设"呢?

陶华碧早在创业之初,就一直在考虑给"老干妈"贴一个显著的标签,这个标签是一个带有丰富感情色彩的标识。想来想去,陶华碧最后选择了将"老干妈"的个人形象作为产品的标识和"人设"。在陶华碧看来,"老干妈"系列产品都经过了上百次的实验,而她自己就是这项烹饪技术的代言人,所以每一瓶"老干妈"的瓶盖上都有她的肖像。

不要小看"老干妈"的肖像,陶华碧用这种方式郑重其事地告诉消费者:这些辣椒酱都是我陶华碧做的,出了什么问题尽管找我。从品牌"人设"的角度理解:"老干妈"系列产品就是一位母亲般的人制作出来的,她像妈妈一样亲切,绝对不会坑害自己的孩子。

这不是宣传噱头,而是陶华碧意愿的真实写照。当年,陶华碧决定开办工厂的时候,有一件事最让她纠结和痛苦,那就是她必须关闭实惠饭店。那些在她饭店里用餐的穷学生们以后该怎么办呢?陶华碧的所思所虑早已超越了普通的生意经,足以匹配"老干妈"这个让人倍感亲切的品牌"人设"。

用人格保证产品的质量,用名字作为品牌信誉的保障,敢于做到这个地步的人并不多,陶华碧就是其中一个。当初,很多人劝陶华碧要三思而后行,不要轻易说出"大话"。每天产出的"老干妈"多达百万瓶,如果哪个环节出了问题,消费者真的可能把愤怒倾泻在陶华碧个人身上,但是陶华碧的犟劲又上来了,话都说出口了,还有什么收回的借口?她这么说也是在约束和激励自己,她告诉身边的人:必须严把质量关,争取无一瓶退货!

显然,陶华碧的"老干妈"策略取得了成功,当消费者知道她愿意用名字作担保时,都对这个产品产生了好感。陶华碧对消费者是有底气的,这自然会赢得很多人的信任。

陶华碧很可能并不知道"品牌人设"这个营销词汇,她只是站在一个心地质朴的企业家的角度,立下了誓言而已,正如她当年摆摊卖菜时的诚实守信一样,这是经营者本该具备的心态和品质,陶华碧不过是坚持了她应该坚持的原则。

当第一批印着陶华碧肖像的辣椒酱出厂时,陶华碧既紧张又激动,紧张是因为担心消费者对产品有不满意之处,激动是因为自己会被全国乃至全世界知晓。要知道,在刚刚使用陶华碧肖像的时候,"老干妈"的销量还很一般,陶华碧肩上依然背负着莫大的责任。如果她的口碑和信誉就此崩塌了,那么她要面临的就是致命的失败。

有"品牌人设"的企业很多,但是能立得住的"品牌人设"很少。当陶华碧把自己作为"老干妈"的形象代表时,她没有用美化过的照片,而是用了一张略显憔悴、消瘦的照片。照片里,她的眼睛是炯炯有神的,不是企业家的眼神,而是一个从小看着孩子长大的"老干妈"的眼神,饱含期待和关爱。

肖像与"人设"贴合,陶华碧的作风更是与"人设"贴合。刚建厂的时候,陶华碧手下只有40个工人,没有大机器,生产完全依靠手工操作,而陶华碧以身作则,穿着白大褂在车间工作,亲自教新手如何操作,丝毫没有领导者的架子。

当不少明星的"人设"崩塌之际,陶华碧的"人设"却依然坚挺。其实,她并没有刻意去维护这个"人设",这就是她本人的作风。她是从底层走出来的,那段艰难的岁月在她记忆里留下了深刻的烙印,所以她永远都不会有"大老板""女富豪"的心态,她认为自己只是对顾客负责的"老干妈"。

20世纪90年代,很多企业家其实也懂得给品牌和产品立"人设",他们会邀请社会名流给产品代言,不过大多数企业找的都是美女、帅哥,用他们的靓丽外形来吸引消费者。从广告营销的角度看,这些名人只要没有信誉问题,做广告、做代言都没有问题,但他们自己的"人设"很难和品牌融合到一起,不会建立深度的联结,甚至还有很多代言人连自己代言的产品都没使用过,对代言的品牌也不了解。依靠这些名人建立的"品牌人设"过于脆弱,稍有不慎就会崩塌。

相比之下,陶华碧是最完美的品牌代言人。她是辣椒酱配方的创造者,长期泡在车间里,严控生产的各个环节。毋庸置疑,陶华碧就是最了解"老干妈"的人。

因为"老干妈"的"人设"一以贯之,很多消费者逐渐习惯了陶华碧那张有些严肃的照片,人们越来越觉得,瓶子上的"老干妈"和自己心目中的"妈妈"十分接近,而陶华碧兢兢业业,不也是中国万千母亲为了生活而打拼奋斗的缩影和写照吗?陶华碧既不潇洒,也不艳丽,但是她身上所展现出的传统美德和现代创业精神,给人们的影响是无穷无尽的。

陶华碧创造了"老干妈"这个品牌,她把这个品牌当成自己的生命去爱惜,当然这种爱并非护短,而是严厉甚至是苛刻的。她知道购买"老干妈"的消费者是对她抱有十二分的信任的,而她绝不会辜负这份信任。

陶华碧认为,对企业家来说,品牌就是最好的名片。何谓成功?当消费者听到企业家的名字时,就能想到相对应的品牌,这就证明品牌和企业家得到了消费者的认可,在消费者心中有地位。陶华碧就是凭借人们对她的尊重,换来了源源不断的订单。陶华碧虽然注重为品牌立"人设",但她并不想成为一个顶着"人设"、抛头露面的企业明星。

有一次,一位香港客商到"老干妈"考察,这位客商也算是陶华碧的"粉丝"。见到陶华碧以后,这位客商十分恭敬地递上了自己的名片,此时陶华碧应该也给对方一张名片,然而她两手空空,笑着对客商说:"抱歉,我不用名片。"这位客商非常惊讶地看着陶华碧,说:"您是我见过的唯一一位没有名片的董事长。"陶华碧表示，全国上下，只要是爱吃辣椒酱的人，有谁没吃过"老干妈"的辣椒酱呢？"老干妈"就是最好的名片。

一个企业家，能够把自己的名字和品牌完全地融合在一起，就意味着他已经做到了将崇高的商业道德、深沉的创业情怀以及质朴的个人追求结合在一起。

由于"老干妈"这个品牌的"人设营销"太过成功，后来有很多同类产品也争相效仿，用朴素的创业人照片作为商品的传播符号，然而这种模仿只能达到形似而难以神似，因为陶华碧不是有意创造了一个"人设"，而是她本身就是这样的人。这也正是"老干妈"企业文化和产品内涵的核心所在。

5. 盘点神乎其神的"八大印象"

印象派绘画是西方绘画史上具有划时代意义的艺术流派,画家通常是抓住一个具有特点的侧面,以印象作画,打造极致的色彩和光感的效果,让人印象深刻。其实,经商也是如此,一个产品或许可以包含很多内容,但真正能让人们记忆深刻的往往是一个或几个印象。能够基于印象持续地进行传播,这就足以打动消费者了。

2011年对陶华碧而言是一个转折点,也是"老干妈"进入延伸产品市场的重要年份。随着"老干妈"逐渐发力,人们对它的认知程度也进一步加深了,并由此产生了"八大印象"。

一个品牌,如果不能贴上几个固定不变的标签,从某种意义上讲就是失败的。没有标签,就意味着企业没有挖掘出自身的潜力,没有给消费者一个深刻的印象,缺乏差异化的竞争优势。对于快消品来说尤其如此,快消品本身流通量大、交易频繁,因此越能简单、直接地给消费者留下印象,就越容易成为消费者的首选。下面,我们就来盘点一下"老干妈"究竟有哪些印象深深地烙印在消费者心中。

第一,商业模式——由小渐大,逐步积累。

陶华碧个人的创业经历,其实就是整个佐餐开胃菜行业的缩影。佐餐开胃菜的品牌不同于肯德基、必胜客等全球连锁快餐品牌,需要在民间慢慢积累口碑,因为没有谁会为了品尝新出的酱菜而去饭店消费,毕竟酱菜再好吃,也不是主菜。陶华碧的成长路径,正是从摆摊到街边小店,从只有零星的几个买家到拥有大批的回头客,这个过程让"老干妈"逐渐被民间所知,并得到消费者的认同。后来的很多同类产品,都因为没有按照陶华碧的创业路线发展而遭遇失败,因为人们对陌生的辣椒酱、佐餐小菜毫无感情。

第二,产品定位——又香又辣。

辣椒酱作为一种传统的佐餐酱料,并非珍馐美味,技术门槛也没有很高,但这并不意味着在辣椒酱上不能创新。陶华碧将一瓶小小的辣椒酱变成了具有多种口味的复合辣椒酱,还推出了可以下饭的开胃菜,这就赋予了"老干妈"新的生命力。对于消费者来说,多花一点钱就能品尝到味道更丰富的辣椒酱,这个代价是值得的;对于"老干妈"来说,这个探索也是成功的。随着时间的流逝,"老干妈"和辣椒酱已经牢牢地捆绑在了一起,甚至成为辣椒酱的代名词,这就是一种极具竞争优势的品牌印象。

第三,标杆式的包装——"土味"酱瓶。

"老干妈"的瓶子形状固定下来,并持续使用了几十年的时间,这不是保守和缺乏创新,相反,"老干妈"在行业中竖起了一个包装的标杆:辣椒酱和佐餐小菜的瓶子本该如此。"老干妈"从产品定位出发,面向广大普通消费者,对辣椒酱的包装并没有什么特殊要求,只要结实、密封即可。"老干妈"的瓶子还能一物多用,用来当水杯、盐罐等等,这就从包装上形成了"老干妈"的外在印象。

第四,创始人——最有说服力的代言人。

"老干妈"一直用陶华碧作为品牌的代言人,用陶华碧的个人信誉为品牌背书。很多酱菜、调味料的产品包装上也都印上了创始人的头像,为的就是和消费者拉近距离,强化消费者对品牌本身的记忆。陶华碧能够将使用头像变成行业内的标准操作,足以证明她不仅是领军人物,还是行业规矩的设计者。

第五,味道浓和油料多——酱菜界的新标准。

每个行业都有不同的产品标准,在"老干妈"诞生之前,该领域内没有人引领潮流,也没有出现有影响力的巨头,所以没有统一惯例,大家都在各自研发不同的产品。陶华碧创建"老干妈"以后,把味道浓和油料多作为辣椒酱的新特征,舍弃了以往那种干巴巴的干酱,还对辣味进行了调和,让南方爱吃辣的人和北方普遍不爱吃辣的人都对"老干妈"爱不释手,打通了南北两端在口味上的隔阂。调和的口味更能打开新市场,这一认识在产品战略纵深的层面上意义重大,也成为很多佐餐开胃菜和辣椒酱的发展方向。

第六,吃饭摆出来,吃完拿下去——"幕后美味"的特征。

陶华碧为何不对产品包装进行改良?她很清楚辣椒酱在大众心中的价值。因为大多数人是在没有"硬菜"的情况下才吃辣椒酱和小菜的,所以它的外观设计得再奢华,也摆脱不了它只是下饭菜的事实。既然如此,包装还是越简洁越好,也不必炒作时尚概念。"老干妈"只负责本分地为消费者开胃即可。

第七,产品成分——豆豉和油炸辣椒是"最佳伴侣"。

辣椒酱到底由什么原料构成,不同的省份有不同的做法。在贵州一带,豆豉和油炸辣椒就是一对固定组合,陶华碧将这对"伴侣"固定下来,这是一种"发现",而非"发明",却真实地引领了市场的方向。人们发现这个组合既简单,又能把味道烹制到最佳,"老干妈"就是推广这对"神仙组合"的样板。

第八,搭上调味品的"班车"——渠道启示。

辣椒酱或者开胃菜,到底该定位成什么类型的食品呢？是即开即食的"土味"快餐,还是和辣条类似的"桌上零食"？不同的定位决定了不同的渠道选择,在市场上的影响力也不同,而陶华碧将"老干妈"系列定位为调味品。尽管"老干妈"和油盐酱醋并不一样,但这个定位更容易推广,曝光率也更高。调味品是消耗品,负责家庭采购的消费者总有大把的机会发现并了解"老干妈"。陶华碧的这一策略十分有效,又给了中国佐餐开胃菜行业一个新的启示和印象标签。

一个品牌哪怕只有一个印象标签,也会在消费者心中留下深刻的印象,而"老干妈"在大众心中的印象标签不止一个。"老干妈"从多个角度切入,加速消费者对它的接纳过程,同时也让整个行业在产品规划、市场推广、经销策略上有了统一的认识和标准。陶华碧的主动探索和坚持不懈,让"老干妈"走在了行业的前列。

6. 给人吃，安全卫生是第一位的

中国是一个饮食大国，"南甜北咸、东辣西酸"，各地都有属于自己的招牌菜和饮食文化，而两者都离不开食品安全，毕竟饮食的首要标准是安全，如果吃的食物影响了健康，那就违背了初心。因此，中国从周朝开始就十分注重食品安全。根据《礼记》中的内容可知，周朝人已经知道哪些食物吃了对身体不好，规定了不成熟的果子、不到季节的谷物都不能进行买卖。

随着科学技术的进步和探索世界的范围扩大，人类关于食物的认知能力进一步提升，不仅懂得什么东西不能吃，还明白哪些东西不能搭配着一起吃，甚至还出现了营养师这样的新职业。人们不再单纯追求吃饱，还追求吃得营养健康，然而，随着工业文明的脚步加快，化工原料也进入了食品市场，导致一些有害物质混入了食物中，其对人体的伤害远远超过了不成熟的果子和五谷。

归根结底，食品安全问题反映的不是科技问题，更不是认知问题，而是利益问题。很多不法商人通过压低成本来增加利润，甚至将已经变质的食物用各种化学材料"美化",于是出现了各种危害人体健康的垃圾食品。

陶华碧从事餐饮行业以来,一直注重食品安全,她首先把好的关卡就是原料关:不仅要选择安全卫生的食材,还要选择优质高档的食材,从根本上提高"老干妈"系列产品的口感。即使在创业初期,陶华碧面临着产品滞销的不利状况时,她也从来没想过要在食品原料上做手脚。陶华碧选用纯正的菜籽油作为主要油料,她加工的辣椒要么是从可靠的农民手中收购的,要么就是从她自己的基地里采摘的。

曾经有一年,一家玻璃制品厂给"老干妈"提供了包装瓶,然而在辣椒酱流入市场以后,很快就有消费者反映这一批的瓶子封口不够严实,出现了漏油的情况。这个消息很快传了出去,"老干妈"的竞争对手得知后,就抓住这个"黑点"不放,认定"老干妈"存在食品安全问题。陶华碧得知以后,马上责令相关部门调查事情原因,经过一番追根溯源以后,确定是瓶子的制造工艺出了问题。有负责人提议:这只是个别现象,先把这些货追回来,然后重新封口就没问题了。

重新封口,意味着对可能已经被污染的辣椒酱进行二次包装,或许消费者吃了不会有什么问题,因为这些辣椒酱也许不是每一瓶都漏油,但是陶华碧不这么看。她知道,消费者一直对"老干妈"报以极大的信任,如果用这么草率的办法解决问题,以后还会有谁敢买"老干妈"的产品呢?于是,陶华碧十分坚决地表示:"不行!这事关公司的信誉!马上派人到各地追回这批货,全部销毁,一瓶也不能漏掉!损失再大,也没有在市场上失信的损失大!"

陶华碧一声令下,已经进入市场的辣椒酱被一瓶一瓶地追了回来,这时候,"老干妈"损失的已不仅仅是辣椒酱的制作成本,还有处置成本,但是,消费者看到了陶华碧的决策之果断,也看到了"老干妈"对食品安全的重视,他们从此更加相信这个品牌。

陶华碧曾经说过:"钱不过是一张纸,名声最重要。做老板首先要会做人。坑人骗人,人家口水都要把你淹死。"

无论是摆摊开店,还是创办工厂,陶华碧一直把食品安全放在第一位。随着"老干妈"品牌影响力的逐步扩大,影响到的人群也更加广泛,食品安全问题动辄牵连千万人,甚至上亿人,所以陶华碧比过去更加小心翼翼,这也是她"能力越大,责任越大"的态度的表现。毕竟,白手起家建立一个品牌十分不易,如果因为一时的短视,损失了长远利益,那就会让之前的努力付诸东流。

让人意想不到的是,陶华碧抱着对消费者负责的态度经营企业,有些不法之徒却绞尽脑汁地坑蒙拐骗,甚至还要把"老干妈"一起拉下水。有一年,"老干妈"因为扩大生产,急需豆豉,于是就让重庆的一家豆豉酿造厂加急运来了10多吨豆豉。由于时间紧迫,加上数量太大,收货员没有来得及检查全部的豆豉,结果当这批豆豉被运回厂子以后,检验员发现虽然外面的豆豉是好的,但是里面的豆豉都是馊的。

如果是胆大心黑的商人,肯定会用这批豆豉继续生产,因为钱已经花出去了,市场需求量又这么大,反正辣椒酱是可以添加调味料的食品,没几个人能吃出来豆豉是变质的。但是,陶华碧得知情况后,二话不说就退货,工厂因为缺少原料而被迫停产两天,造成了巨大的经济损失。

那么,陶华碧真的因为这件事"血亏"吗?并没有。这件事很快传了出去,消费者再一次了解了"老干妈"对食品安全卫生的重视程度之高,同时,那家重庆的豆豉酿造厂也被曝光,在行业里的信誉损毁殆尽。一正一反进行对比,人们这才发现人与人的差距竟然如此之大。品牌和品牌的差距，也就因为人的观念和良知的不同而有云泥之别。

"老干妈"的安全卫生，不只在民间得到了认可，也经过了科学检测的考验。2015年，"老干妈"等八个品牌的辣椒酱被送到第三方检测机构进行检查，重点就是评估安全性，最后的结果是"老干妈"无论在农药残留、综合油脂还是菌落总数等方面，都完全达标。官方的科学检测和民间的肉眼监督，都对"老干妈"作出了最高的评价，足以证明陶华碧的人品和"老干妈"的质量都是标杆式的存在。

当然，一次抽查也不能说明问题，只有经过反复的检验，才能保证产品的可靠性。"老干妈"系列产品一直在各种检验中脱颖而出，获得了一连串的头衔：全国食品行业质量效益型先进企业、全国乡镇企业质量管理先进单位、国家级农业产业化经营重点龙头企业……除了这些货真价实的称号之外，"老干妈"还获得了各种质量体系、环境管理体系、安全管理体系以及绿色食品的认证，这些荣誉和认可，最后化为"中国驰名商标"这六个字，出现在"老干妈"辣椒酱产品的包装上。这小小的六个字，是用陶华碧坚持一生的行事准则所换来的。

"老干妈"系列产品之所以让人吃得放心，关键在于陶华碧的价值观。她认为做企业首先要做好人，再做好事，而做人的基本标准就是不坑害他人，成为一名商人之后，也不能把危害健康的食品卖给消费者。在食品安全问题频频成为热议话题的今天，陶华碧这种朴素的观念十分值得同行学习。

7. 比我价高的，都别想卖出去

说起"价格战"，有些人会嗤之以鼻，认为这是一种低劣的竞争手段，好产品应该靠质量说话，其实我们要具体问题具体分析：那种恶意压低价格、扰乱正常定价秩序的"价格战"不值得推崇，但是针对高价制定的"平价策略"是值得肯定的，毕竟所有产品不能一概而论。对于附加值高的产品来说，走低价路线显然不合适；但对于一些快消品来说，价格往往是决定消费者是否买账的关键，区别在于是走低价还是平价路线。

从陶华碧创办"老干妈"那一天开始，她就一直坚守着7—10元的"黄金价格体系"。这个价位段极具市场竞争力，既不会让利润过低，又能让消费者不假思索地接受，属于平价区间。为此，陶华碧骄傲地表示："比我价高的，没市场；比我便宜的，白忙活。"

陶华碧之所以能制定出黄金价格体系，和"老干妈"的产业链不无关系。在产业链的上游，"老干妈"拥有玻璃厂、瓶盖厂、纸箱制造厂、商标标贴厂、原辅材料供应商，它们为"老干妈"源源不断地提供各种原料，解决了"老干妈"的原料问题。在产业链的下游，有一百多个国内外的销售代理商和铁路、公路等物流运输企业,让"老干妈"的销售渠道保持畅通。陶华碧坚决的"不欠款"态度,更是让这条产业链趋于完美。陶华碧在这条产业链中有很大的话语权,在各方面都有强大的议价能力,也就能在控制成本的前提下,制定更亲民的价格。

在完美产业链的支持下,"老干妈"辣椒酱在国内市场上所向披靡,很快占领了广东市场。"老干妈"在广东市场的胜利并非依靠广告"轰炸",而是通过口耳相传这种自然发酵的方式进行传播,最终赢得了消费者的认可。要知道,广东人喜欢吃甜,不怎么喜欢吃辣,但是"老干妈"悄然改变了他们的饮食习惯,这也能从侧面证明陶华碧进军广东市场的战略眼光和勇气。

当然,说一千,道一万,"老干妈"的价格策略仍然是重要的制胜武器。"老干妈"的价格大多是7—10元,而分量却很足。消费者想要用"老干妈"炒饭、做水煮肉片或者蒸茄子的话,一瓶差不多能用上30次,对于普通老百姓来说实在太实惠了。7元的价格对于绝大多数人来说都是不高的。

"老干妈"不仅价格便宜,种类还十分丰富,如今已拥有20多种产品。"干煸肉丝红辣椒""牛肉末油辣椒"这些佐餐食品的成本不低,可依旧只卖十几元钱,对于那些偶尔想要开开荤的消费者来说性价比很高。人们可以只花十几块钱,就能吃很多次香喷喷的肉丝、脆生生的花生米和醇香的豆豉,既能填饱肚子,还能"打牙祭",钱包也没有因此变得干瘪。正是这种超高的性价比,让人们在出国之前,最先想到的就是带上"老干妈"。

"老干妈"能够占据国内辣椒酱市场很大的份额,价格是一个很重要的因素。虽然现在很多人的消费观念变了,但这并不意味着人们真的有钱了,超前消费或者在某一方面过度消费的情况普遍存在。人们在囊中羞涩的时候,"老干妈"就成了他们的"大救星"。"老干妈"在刚进入市场的时候,国内的经济形势没有今天这么好,富裕的人只是一小部分,还有不少农民工为了生计四处奔波,他们舍不得在吃上投入太多,因此,陶华碧宁可一瓶辣椒酱只赚几角钱,也要让老百姓感受到实惠,从而维护"老干妈"的市场口碑。

当然,"老干妈"的平价策略也被一些人反对,比如陶华碧身边就有人劝她:既然"老干妈"如此热销,为什么不稍微涨一点价呢?哪怕一瓶只涨1元钱,也能多赚回不少利润。

平心而论,在物价上涨的今天,"老干妈"涨价也在情理之中,更何况很多同类辣椒酱卖得更贵,但是陶华碧批评了向她提意见的人:"我能到今天这一步不容易!该我得的,我不会放弃;让我多要,我做不出来。"

实际上,陶华碧平价策略的出发点,并不是要和同行打"价格战"。她自己就是从苦日子中熬过来的,她在底层摸爬滚打40多年,很了解老百姓的生活,知道什么样的价格他们能够接受,也知道他们会如何衡量辣椒酱的实用价值。这个观念放在消费升级的今天,虽然有些落后,但的确顺应了一部分消费者的特定需求,而这就是"老干妈"深受消费者欢迎的原因之一。

在一些专业人士的眼中,陶华碧的价格策略其实很"霸道"。"老干妈"占据了主流价格区间,价格更高没有市场,价格更低则没有利润。一方面,辣椒酱的核心功能就是调味或者佐餐,这个定位决定了它不可能和龙虾、鲍鱼卖同样的价格,而且它的主要消费群体是学生、外来务工者等,价格本不应太高;另一方面,为了保证市场占有率,"老干妈"就必须做长线,压缩利润,扩大销量,长久地吸引消费者。

有些企业总想剑走偏锋,诱导消费者多花钱,于是就在营销炒作上下功夫,给原本价格低廉的产品附加了很多额外的东西。这样做或许一开始能骗到一部分消费者,但消费者总会回归理性消费。当然,也有一些优秀的辣椒酱企业,虽然引导消费升级,但还是做到了物有所值,比如利用营养平衡路线或者礼品路线吸引特定的消费群体。不过,就目前的形势来看,它们依然没有对"老干妈"构成实质性的威胁。

随着原材料价格的上涨,产品成本的压力越来越大,"老干妈"未来要如何调整价格策略?或许陶华碧已经在思考这个问题了,也有可能她已经有了高明的应对方法,毕竟这不是她第一次在创业路上遇到挑战了。

Chapter 5

第五章

"草根"企业家的暴脾气

1. 打倒冒牌货

假货会扰乱市场秩序,损害企业和消费者的利益,然而在利益的驱动之下,依然有大把的人通过造假来牟取利润,而造假的对象通常就是市场上畅销的品牌,"老干妈"自然不能幸免。

2006年,"老干妈"多次向省工商局投诉,声称在河南市场上发现了多起生产、销售假冒"老干妈"系列辣椒食品的违法行为。省工商局很快就向全省工商部门下发紧急通知,经过调查,确认市面上流通着防伪标志模糊的仿制产品,紧接着展开了打假行动。无独有偶,2009年,贵阳市南明区工商分局的执法人员远赴湖南和湖北进行打假维权行动,目标是调查四家侵犯"老干妈"商标权的企业并最终将涉事企业查封。

事实上,自"老干妈"红遍全国之后,假冒产品就层出不穷,从直接仿制到商标侵权,假冒产品全方位地损害了"老干妈"的品牌形象,甚至在2017年还发生过商业机密泄漏事件,所幸贵阳市公安局南明分局反应迅速,抓捕了相关涉案人员。

"老干妈"的打假行动和"老干妈"辣椒酱一样引人注目。"老干妈"的维权行动每年都在进行,最早的也是最知名的一次是与湖南刘湘球牌"老干妈"打的侵权官司,最终以"老干妈"胜诉而告终,该案后来也成为2003年中国十大维权案例之一。

不夸张地讲,"老干妈"二十多年来一直不断在维权打假,据说每年要拿出两三千万元的专项资金,可见陶华碧对此的重视程度。不仅如此,陶华碧在出任全国人大代表期间,每年都会向全国两会提交和打假有关的建议,甚至旗帜鲜明地表达了自己的态度:"凡是带'干'字的辣椒酱都要打假,一年四季都要打假。"

和假冒产品正面对抗,看起来简单,其实做起来并不容易。因为维权的成本较高,涉及的地域很广,经常要面临跨省行动的难题,所以很多企业虽然有打假维权的主观意愿,但一旦进入实操环节,就变得谨小慎微,甚至畏首畏尾。为什么会出现这种现象呢?主要有以下两个原因。

第一,担心口碑受损,不敢大张旗鼓。

如果一个企业长期公开地打假,一方面说明它确实有市场知名度和认可度,但另一方面也说明市场上充斥着该企业产品的各种仿制品,消费者在选购的时候很可能会买到冒牌货。如果该产品具有可替代性,那么消费者很可能会选择假货更少的同类产品,降低试错成本,因此,才有了一些企业虽然"打死"了假货,但"饿死"了自己的奇怪现象。即便一些企业铁了心和假货斗争到底,也会因为顾及影响而悄悄地进行,这又在一定程度上限制了行动力。

第二,防伪成本过高,增加企业负担。

面对假货,最直接的办法是提高产品自身的防伪技术,让消费者在选购时,可以快速地辨别真伪。做到这一点的前提是防伪技术的水平过关,假货难以模仿,而企业如果提高防伪性能,就要投入很高的研发成本,那么对于一些利润空间有限的产品来说,实在是得不偿失。

上述两个原因很真实,也很令人无奈,但归根到底,打假是维护企业根本利益的正义之举,一味地选择妥协和退让只能继续损害企业的利益,让假货制造者变得更加猖狂,甚至引发劣币驱逐良币的情况。企业必须在和假货的对抗中占据主动位置,这样才能确保其市场形象不受到实质性的损害。

陶华碧是一个爱憎分明的人,也是一个敢想敢干的人,面对假货,她从来没有什么顾虑,甚至不会考虑上述提到的现实原因。在她眼中,邪不压正是万年不变的真理,她坚守真理又有什么错呢?如果只敢抱怨假货而不采取任何行动,那就正中了造假者的下怀。

陶华碧强悍的作风和清醒的头脑,决定了她在对抗假货的事情上没有任何商量的余地。对于她来说,打假是一件有意义的事情。

事实上,"老干妈"不放弃维权,不仅捍卫了自身的权益,还在业界树立了良好的形象。说到底,这和企业文化不无关系,一个作风强悍的企业绝不可能允许假冒产品的存在,同样,一个风格硬朗的企业掌舵者也不会向假货制造者妥协。陶华碧对假货穷追猛打,不仅打得迅速,还打得用力,还打得执着,最终将假货打击殆尽。

制假贩假是一种社会现象,不单是企业的事情,还涉及国家相关监管部门、市场和消费者等诸多因素,能够认识到其中的利害关系,并愿意打假的大企业,自然是值得学习的。

2020年的一个事件引起了人们的广泛关注:腾讯公司以"老干妈"拖欠广告费为由,请求查封并冻结该公司1624万元的财产。消息一出,立即引起了人们的热议:一向诚实守信的"老干妈"真的做出这种事了吗?公安机关调查发现,3名犯罪嫌疑人伪造"老干妈"的公司印章,然后以市场经营部经理的身份和腾讯公司签订了合作协议,而"老干妈"实际上从未和腾讯公司进行任何形式的商业合作。误会澄清之后,腾讯公司和"老干妈"也最终和解。

在一些人眼中,"老干妈"如此执着地打假是一种过度消耗自己的、不经济的做法,这些人还会疑惑,那几千万元的打假专项资金如果用在其他方面是不是更好?

有这样疑惑的人,其实还是对陶华碧不够了解。如果陶华碧是一个轻易妥协的人,恐怕她会最先向波折的命运妥协,然而她不是这样的人。正因为陶华碧顽强不屈,才有了今天的"老干妈",她对损害切身利益的冒牌货当然不会手软。换个角度看,正因为陶华碧执着地和假冒产品对抗,抢回了被假冒产品夺走的市场份额,才有了"老干妈"今天的成就与辉煌。

2. 商标官司耗三年，值吗？

商标是用来识别和区分商品或者服务来源的标志，也是最具有传播性和记忆点的符号，无论是在法律意义上，还是文化内涵上，都具有重要意义，企业维护商标安全也是合法维权的内涵之一。如今，"老干妈"经过二十多年的发展，不仅成为海内外华人青睐的辣椒调味品品牌，还成为中国食品行业对外输出的重要代表之一，因此"老干妈"非常重视品牌保护工作。

早在"老干妈"创立初期，陶华碧的大儿子李贵山就曾经申请过注册商标，却没有通过，因为国家知识产权局商标局认为"老干妈"是一个常用称呼，不适合作为商标。就是这一次驳回，给了无数仿冒者可乘之机，短短几年间，国内就出现了50多个与"老干妈"相关的品牌，陶华碧认为花再多的钱也要对这些仿冒者予以重击，于是花大力气四处调查，很快就在贵州成立了民营企业中的首支打假队。

虽然陶华碧不遗余力地打假，但是对于利欲熏心的黑心企业来说，只要有利益，就会不择手段地侵犯"老干妈"的权益，最终的结果就是打假队打掉了一批仿冒者之后,很快又出现新的仿冒者。其中,湖南的"老干妈"品牌,商标几乎和"老干妈"一模一样,陶华碧为此勃然大怒。于是,陶华碧和这个"李鬼"不依不饶地打了三年的官司,从北京市第二中级人民法院一直打到北京市高级人民法院。

2000年8月10日,法院经过一审认定,"老干妈"生产的风味豆豉有一定的历史过程,而仿冒者湖南"老干妈"属于不正当竞争,对其的判决结果是"停止使用并销毁在未获得外观设计专利权前与贵州'老干妈'公司相似的包装瓶瓶贴,并赔偿经济损失15万元"。不仔细看这个判决结果,还以为"老干妈"大获全胜了,仔细品味才能发现,法院仅仅限制了湖南"老干妈"的部分权利,并没有否定这家企业的存在,这意味着两个"老干妈"可以共存。

陶华碧不靠天不靠地,靠自己打拼出了一个辣椒酱帝国,怎么可能容忍这样的结果呢?湖南"老干妈"明显就是要"蹭"热度、抢占市场,如果任由其发展下去,必定会严重损害"老干妈"的合法权益,甚至可能拖垮这个苦心经营出来的品牌,所以陶华碧在得知一审的判决结果后,马上提出了上诉。

事实上,很多侵权案件之所以泛滥不绝,主要是因为维权成本高昂,而仿冒者的违法成本较低,比如,某明星的照片曾经被用在整容医院的广告上,官司打了几年才有结果,而数万元的赔偿金也不足以伤及侵权者的皮毛,甚至远比真的请该明星代言划算。很多无良侵权者按照这个逻辑明知故犯,就是笃定被侵权者不愿意耗费精力维权到底。

对陶华碧来说,她有一个庞大的企业要管理,时间和精力都非常有限,而且她已经不是年富力强的年纪。按理说,维权对她来说,要付出不小的代价,所以很多人在得知一审判决结果后,都劝她放弃这场官司,再纠缠下去，即使胜诉了，也得不偿失，但是陶华碧给出了这样振聋发聩的回复："我才是货真价实的'老干妈'，他们是'崴货'（贵州话，意为假货），难道我还要怕'崴货'吗？"此话一出，人们终于意识到，陶华碧之所以执着于讨回公道，已经不仅仅是为了商业维权，还是对自创品牌的保护。

陶华碧让广大消费者知道了，天底下只有贵州"老干妈"这一个品牌。"老干妈"商标在2003年5月获得国家知识产权局商标局的注册证书，而湖南"老干妈"之前的注册商标被注销。

对陶华碧而言，"老干妈"商标就是自己行走于世最响亮的招牌，也是彰显自身实力的最佳名片。在经历了和湖南"老干妈"长达三年的诉讼大战之后，陶华碧更加重视对商标的保护。

根据目前已知的情况，"老干妈"至少申请了184件商标，其中包括"老干妈""老千妈""老于妈""老乾妈""陶华碧新干妈""陶华碧老干娘""陶华碧老亲娘""陶华碧老亲妈"等，涉及多个产品类别，其中最早申请的商标是"陶华碧"，是在1996年申请，1998年获准注册的。

陶华碧之所以申请如此多的周边商标，主要是为了提前保护自己的品牌，而这一类商标也被称为"防御商标"。防御商标指的是同一商标所有者在非同种商品上注册同一个著名商标，比如"果珍"商标的所有者将这一系列同音的名称（比如，"果贞"）都予以注册，就能起到防止其他厂商蹭热度的作用，避免给自家品牌带来无法预测的影响。

如今，不少小企业通过"山寨"的方式向名牌产品"靠拢"，打了不少擦边球，其行为性质有时候很难通过法律手段去判定。不过，"老干妈"维权行动的展开，也推进了对仿冒商标的甄别进程。比如在"老干妈"和"川南干妈"的商标大战中，商评委认为"川南干妈"与"老干妈"的商标在含义、构成要素以及整体外观等方面都没有显著差别，而且商标还是使用在调味品、辣椒油等商品上,违背了对已注册的驰名商标强化保护的一般性原则。随着相关法律法规的不断完善,以后国家相关部门对注册商标的近似判断会变得更加严格,对混淆界限的把握也会更加准确,避免出现对驰名商标的保护低于对普通商标保护的尴尬情况。

当然,有些竞争者并不完全具备仿冒者的特征,从法律上很难对其进行规范,比如贵州的"老干爹",虽然从名字上不能判定为侵权,但其与"老干妈"有一定的相似度,最重要的是"老干爹"在各地市场和超市中,总是和"老干妈"的产品放在一起营销,很容易让不明真相的群众误认为这是一对兄弟品牌,对消费者有误导作用。为此,"老干妈"特地发出过严正声明,称从来没有和"老干爹"进行过任何形式的合作。

陶华碧的商标维权行动,既保护了自身的商标权益不受侵害,也有力地打击了商标侵权的违法行为,更重要的是保护了消费者的权益,维护了"老干妈"在消费者心中的形象和自身的清晰定位。当然,商标所附带的巨大商业利益会让不少企业依然以身犯险地"傍名牌",毕竟这是一条收割利润的快速通道,省去了漫长的品牌培育期。在乡镇市场,这种"傍名牌"的产品因为价格低廉,往往也受到当地消费者的喜爱,种种原因汇集在一处,就决定这种仿冒行为会愈演愈烈。

"老干妈"每年不仅要打假,还不忘加强商标的保护措施,因此耗费了大量的资金、时间和精力。尽管如此,陶华碧从来没有手软过,更不会睁一只眼闭一只眼。

百年基业,往往起于毫末之间,一个优质品牌的打造原本就充满了困难和曲折,而商标作为企业品牌的重要标识,对企业的发展有着不可替代的作用。保护商标是对企业知识产权的保护,也是对企业市场份额的保护。在激烈的市场竞争中,"老干妈"俨然是一块金字招牌,陶华碧为了保护这块招牌,自然会全力以赴地坚持下去。

陶华碧对商标的维权,其实也是对部分企业的提醒:如果缺乏对自家商标的维权意识,很可能会被不良企业钻空子,这关系到企业未来的发展,也关系到国内市场竞争秩序的规范与稳定。

3. 税要早点交，因为很光荣

曾经有一篇新闻报道称："一瓶辣椒酱支撑中国一个贫困省份火爆的经济增长。"没错，这就是对"老干妈"的赞誉。之所以能有如此高的评价，是因为陶华碧不仅为贵州创造了大量的就业机会，还带动了当地农民种植辣椒、大豆等原料，还通过缴纳税款，拉动了贵州省的经济发展。

一个处处动小心思的经营者，考虑的永远是企业的利益而非国家和社会的利益，他能把自己变为一个光鲜亮丽的"成功者"，却很可能是以坑害他人为前提的，这样的人不配成为商界的榜样，也不值得大家学习。相反，像陶华碧这样，既为自己，又为社会着想的企业家，凭着一股倔强的劲头，不仅成为光荣的纳税大户，还成为地方经济的振兴者，可谓利益和荣誉双丰收，这才是货真价实的成功者。

对于依法纳税，陶华碧说过一段掷地有声的话："早交晚交都要交，我从来不拖欠国家一分一厘，这才是做企业，也是我们的能力，拖欠税款或者偷税漏税是很不好的。我们没有'国债'，不欠税，也没有贷款，干干净净，一身清白，该赚的钱我就赚，不干净的钱我不要。"

培养纳税意识,不是一朝一夕能完成的,也不是仅凭一个人就能完成的,陶华碧对"老干妈"的全体干部员工都进行了相关的思想教育,她规定哪怕员工只拿了一瓶辣椒酱回家,也必须记下来,虽然这瓶辣椒酱没有流入市场,但也应该缴纳对应的税款。在办厂初期,因为没有专业的会计,陶华碧对税款的计算全是靠自己的口算和心算,即便如此,她也从来没有算错过,因为她知道这关系到国家的利益,马虎不得。后来,陶华碧甚至主动去找税务部门的工作人员,让他们上门给"老干妈"查税,看是否有遗漏的情况,这对于一个白手起家的经营者来说是难能可贵的。

在旁人看来,陶华碧这些行为要么过于较真,要么有些"傻"。可是对于陶华碧而言,监督自己的永远是良知,如果人人都抱着侥幸心理,那国家的法律法规还会得到应有的尊重和敬畏吗?

因为陶华碧不耍小聪明,不和国家耍心眼,所以才成为缴税的优秀代表,也在百姓中间树立了良好的口碑。陶华碧并不是钱多得没处花,创业时期需要资金周转,扩大生产需要资金支持,走向世界需要资金铺路……哪一样离开钱都行不通,但是陶华碧深信一点:企业赚来的钱不都是自己的,这笔钱里有属于国家的,也有属于社会的。因为离开了国家、消费者的支持,企业一天也生存不下去,所以缴纳税款也是一种知恩图报的行为,是在恪守做人做事的准则。

看看那些因为偷税漏税而最终身败名裂的企业家,陶华碧认为他们是只顾蝇头小利的短视者,其行为实在不可取。陶华碧曾十分感慨地表示,她这个人虽然脾气不好,但是心肠好,她从来都是诚诚恳恳地做事、清清白白地赚钱,就想着为国家多作点贡献,为国争光,如果偷税漏税,那她的脸都没有地方放。

一个普通的农村妇女,将辣椒酱做成食品行业的龙头产品,这已经是商界的传奇了,不仅如此,陶华碧还为人们树立了诚信经营的榜样。这在无形之中给消费者留下了良好的印象,人们相信,一个诚实缴税的企业不会做出质量差的产品。

曾经有人问陶华碧,怕不怕被查账,陶华碧十分坦荡地回答:"我不怕。我们企业走到今天,对国家来说,就是卖一块煤渣,我都要纳税;对供应商来说,我从不拖欠一分钱;对员工来说,我按照国家政策不亏待;对消费者来说,从原材料到每一道工艺,我们都认认真真去做,保证质量。我们非常透明。我的账是公开的,随便你查。"

税收是国家经济的命脉,按时纳税是企业的责任。陶华碧不仅做到了,还树起了典范,敦促更多的企业家、创业者向她学习,这种正向的影响必将造福千秋万代。

4. 不上市，对融资就是没兴趣

企业想要扩大发展，却陷入资金危机时，通常会选择融资上市，而一旦上市成功，企业就有了扩大规模、升级技术的可能，就能赚到更多的钱给股民分红，这就是良性健康的融资。这样的融资既有利于企业，也有利于股民，还能促进国家的整体建设。当然，也有一些企业上市的目的是"圈钱"，但总的来说，融资上市的确是一种行业趋势。

不过，凡事总有例外，在中国的食品行业中，就有两个"顽固不化"的企业没有上市，一个是"娃哈哈"，另一个就是"老干妈"。众所周知，"老干妈"的产品在多年实打实的积累下，无论是在规模上，还是在产品质量上，都有了一定的保障。简单概括起来，就是不缺钱、不缺技术、不缺规模。

现在，"老干妈"的主打产品拥有相对稳定的市场，产品所创造的利润也不低，不管是收购原料，还是卖给经销商，"老干妈"一直坚持现款现货，其资金回流速度远超其他企业。尽管"老干妈"不存在资金上的困难，但企业发展瞬息万变，谁也不敢保证以后不会遇到资金困难，而且上市对企业来说仍然利大于弊，所以这么多年来，"老干妈"上市的坊间新闻几乎每年都有。

2018年,陶华碧在接受媒体采访时,再次强调:"老干妈"不贷款,不参股,不融资,不上市。陶华碧之所以作出态度如此明确的回应,是因为自2018年8月开始,就不断传出"老干妈"上市的消息。

2018年8月,深圳证券交易所派人去贵州给三家公司做上市培训,其中就有"老干妈"。上市培训针对的是在行业和技术等方面具有一定优势,但不具备国内主板、创业板上市条件的企业,通常都是一些潜力很大且发展迅速的企业。上市培训是为了让这些企业更快地了解上市的知识,以便日后进行规范的操作。也正是这一次培训,才让人们捕风捉影地认为"老干妈"正在积极准备上市。

其实,了解"老干妈"的人都知道,如果陶华碧想要上市,就不会等到这一天了。从"老干妈"的品牌知名度打响以后,人们就一直围绕这个话题不断讨论,即便前一次消息被证伪,也会有新的消息出现。对此,陶华碧曾经斩钉截铁地表示:"上市、融资这些东西我一概不懂,我只知道一上市,就可能倾家荡产。上市那是欺骗人家的钱,所以我坚决不上市。"

当今,在女性题材的影视剧中,经常有"大女主"这样的人物设定,通常是指那种独立自主、意气风发、克服千难万险的女性角色,不过现实当中,成功演绎的其实并不多,但是陶华碧做到了。她不像有的企业掌门人那样,说话给自己留后路,而是直白地表明自己的态度。这也说明,陶华碧是铁了心不想上市。人们就此知道了著名的陶华碧"四不"原则:不贷款、不参股、不融资、不上市。

一个会借钱的生意人,可能是个聪明人,而一个坚持用自己的钱做事的人,不仅是个聪明人,还是一个有魄力的人。陶华碧的坚持,让不少创业投资机构甚至地方官员吃了多年的闭门羹,他们原本希望"老干妈"借助外部资本做大做强,但是陶华碧一再拒绝。很多人都想不通:在能够低成本融资的前提下,为什么不愿意多拿钱呢?

当然,陶华碧所说的"上市那是欺骗人家的钱"并不准确,但分析一个人的态度,不能脱离其成长经历。陶华碧是靠着摆摊白手起家的,每一分钱都是她辛苦赚来的。她卖的辣椒酱货真价实,她还曾经周济吃不起饭的穷孩子,在这个朴实善良的创业者心中,上市的确存在着"灰色领域"。

只要是对证券行业感兴趣的人,就能发现一些上市企业通过"包装"财务报表来欺骗投资者。还有一些企业本身并不缺钱,上市纯粹是为了"圈"到更多的钱。更有甚者,一些企业在上市之后反而业绩下滑。这些企业似乎都违背了他们上市的初衷。在种种诱惑之下,上市企业越来越多。与那些有国外留学、大企业打工背景的掌门人相比,陶华碧反而更理性和谨慎。

不上市,不仅是一种态度,还是一种底气。

"老干妈"产品风靡全球,靠的不是炒作,而是实实在在的产品。只有当一个企业的产品做到足够优秀时,它才有底气拒绝融资。

换个角度看,并非所有的企业都适合上市。在是否融资上市的问题上,陶华碧有自己的考虑。以下浅析"老干妈"不上市的原因。

第一,品牌影响力已经足够大。

"老干妈"已经拥有了国内最大的辣椒酱市场,不需要资金进行大规模扩张。目前,"老干妈"虽然有一些竞争对手,但是真正能撼动其市场地位的对手并没有出现。"老干妈"扩大海外市场时,也只是通过口耳相传的方式进行宣传,而非用"烧钱"的手段去"占地盘"。总而言之,这样的做法不符合陶华碧的战略风格。

从营销的角度看,"老干妈"这一品牌已经是行业内的顶尖品牌,如今已经没有谁没听过这个品牌。甚至早在2012年，奢侈品电商Gilt就将"老干妈"作为高端调味品高价出售，而欧美市场上早已有一个有趣的现象：有华人的地方就有"老干妈"。"老干妈"在国内、国外都拥有不低的知名度，没必要通过融资上市的金融手段去提升影响力。

第二，家族式经营需要警惕外部资本。

"老干妈"毕竟是陶华碧的私人企业，由家族控制的话更安全一些。一旦上市，大股东的位置不再掌握在陶华碧手中，这就直接动摇了"老干妈"经营多年的深厚根基，而这也是陶华碧不愿意看到的结果。

陶华碧向来不喜欢一些上市公司的大股东的做法，他们经常将新股上市后得到的资金拿去投资其他行业，导致企业的研发资金不够充足，这都是外部力量威胁自身的潜在因素。

第三，自身的硬实力决定了没有融资"刚需"。

"老干妈"在传统行业中的商业模式具有不可复制性，因此得到了众多创业投资机构和证券商人的追捧，要知道现款交易在国内罕见，任何企业都无法复制这个交易模式，更不要说超越了。二十多年来，"老干妈"在行业内一直占据具有话语权的卖方市场。多年的稳定增长让"老干妈"积累了丰厚的利润和现金，也让陶华碧一针见血地指出："我又不差钱，为什么要融资呢？"融资、发行股票后出现问题，反而会影响"老干妈"的正面形象，得不偿失。

第四，商业模式决定了生存方式。

"老干妈"的卖点是独特的炒制工艺，而一旦"老干妈"上市，就意味着这些手艺和配方会被公开，这就直接瓦解了"老干妈"的核心竞争力。即便借助外部资本，可以迅速扩大规模，但伤害的是其差异化优势，这样巨大的商业风险，陶华碧并不想去承担。

从目前掌握的数据来看,"老干妈"的内部股权结构十分简单。曾经是陶华碧持股1%,两个儿子李贵山和李辉(后改名李妙行)分别持股49%和50%;2014年,陶华碧将自己1%的股份转让给了二儿子李妙行。家族式企业的特征很鲜明,这正是陶华碧希望看到的。

人与人的差距就是如此之大,有的企业挤破脑袋想要上市,有的企业却一再拒绝上市。或许资金短缺只是上市的其中一个原因,还有一个重要原因是企业家的格局。有的企业家不只看到了金光闪闪的钞票,还看到了危机四伏的前路,陶华碧就是这种有格局的企业家。

5. 不贷款是不想给银行"送"利息

企业借贷似乎是一件天经地义的事情：扩大生产需要钱，升级技术需要钱，聘用人才需要钱，市场营销需要钱……在现代社会，贷款似乎已经成为企业发展的必经之路。著名民营企业家史玉柱是这样形容贷款的：如果获得了10亿元的资金，欧美企业会存入银行用作储备现金，而中国企业会再贷款40亿元，然后进行投资。

史玉柱的话从侧面反映了一个现实问题：欧美企业其实更为保守和谨慎，中国企业反而会更大胆。国内企业大多数都是从一穷二白的状况中发展起来的，没有贷款就意味着没有原始资金，没有资金就不可能做项目，而最早的农村合作基金会就是出于这个原因诞生的。

当贷款成为一种潮流之后，有的人因为贷款而暴富，却拖垮了整个企业；有的人因为贷款，让自己的企业起死回生；有人因为盲目贷款，造成了大量的产品积压，最后因为资不抵债而锒铛入狱。

不过，在一些企业家看来，贷款似乎并不像人们想象的那样天经地义，比如陶华碧。

"老干妈"诞生于20世纪90年代,那正是一个百花齐放的时代,商界涌现出很多企业家和很多新潮的思想。在这样的背景下,"老干妈"的生意蒸蒸日上,工厂由原来只有40个工人发展到了有5000多个工人,每个月都能按时付工资。

如今,网民把陶华碧称为"最热辣"的"国民女神",而陶华碧的个性和作风也的确配得上"热辣"二字。虽然陶华碧作为企业家,是最低调的那个,但她也是反常规的,比如,她从不贷款。她的理由是向银行借钱是要付利息的,如果还不上钱,工厂就要关门,这个风险对她来说还是太大了。

陶华碧对钱是非常谨慎的,她一直坚持一个观点:有多大的本事就做多大的事。她的资金完全来源于"老干妈"销售所获得的利润。当然,陶华碧也知道,很多企业获得贷款后,得到了发展,但是,陶华碧始终没有踏出这么一步。有人认为陶华碧过于保守,也有人认为陶华碧格局太小。

在贷款一事上,陶华碧的观点的确不符合经营潮流,但也从侧面表现出她对现金流量的重视。在陶华碧眼中,贷款打破了自己"钱货两清"的原则,她态度明确地说:"我没有跟国家贷过款,贴息贷款我都不要。一贷款就没有压力,没有压力就没有动力。自己去做,你晓得压力压在自己肩膀上,晓得去努力,去奋斗。我不欠政府一分钱,不欠员工一分钱,拖欠一分钱我都睡不着觉。"

作为一个商人,陶华碧并不胆小,她有野心,但是她从不冲动做事。她认为,只有依靠自己的力量,才能把企业办好,而盲目贷款只能在短时间内"催肥"企业,不能让企业真正获得足够的营养,反而会埋下致命的病根。

当然,陶华碧并不是一直排斥贷款,其中也经历了一个过程。

2001年,陶华碧想要筹建一处厂房,然而当时公司的资金全部都用于购买原材料了。陶华碧十分着急,这时有人劝她通过地方机构来解决问题。南明区委得知消息后十分重视,马上协调建设银行安排贷款。陶华碧带着会计到区委以后,乘坐电梯时,因为电梯门坏了,她的衣服被门夹住,一不留神就摔倒在地。陶华碧起身后,随行的人以为她可能会发火,但是陶华碧平静地说:"你们看,政府也很困难,电梯都坏了,我们不借了。"当时,人们以为陶华碧是在开玩笑,然而陶华碧继续说:"我们向政府借钱是在给国家添麻烦。真不借了,我们回去。"

　　这就是陶华碧朴实的想法,她当时并不知道政府协调银行是为她安排贷款事宜,以为政府是直接借款。陶华碧思前想后,认为借钱这件事不靠谱,根本的解决方法还是要有充足的现金流,这样才能应对外界的变化。有钱,才能把腰杆子挺起来,这个道理人人都懂,但是敢于实践并不断克服困难的人并不多,陶华碧就是其中一个。陶华碧不仅有魄力,还足够敏锐,她知道做生意不能把自己逼到绝境,面对诱惑也要有定力。那些无法偿还贷款而入狱的企业经营者们,今天灯红酒绿,明天就锒铛入狱,这就是在金钱面前不懂得克制,没有认清自己的实力,没有看到潜藏的危险。陶华碧很想成为一位出色的企业家,她知道要先磨炼定力,然后才能带着大家不断朝着目标发起冲锋。

6. 对该骂该罚的人，绝不手软

一直以来，人们对"草根"企业家似乎有一种偏见：他们从底层摸爬滚打上来，身边可用的人往往也在同一个层次，这导致他们要么不太重视对高级人才的引进，要么过于推崇高级人才，将他们奉若神明。所谓的"草根"企业家，本质上和其他企业家并没有什么不同，起点低并不代表他们的格局小。企业发展到一定规模之后，无论企业家之前经历过什么，他们大体上都会有超出一般人的认识。

在对待人才的问题上，陶华碧的态度是比较客观的，她既不会排斥那些高级人才，也不会对高级人才盲目崇拜，她的用人理念是，不管你的学历是高还是低，不管你之前积累了多少经验，来到"老干妈"之后，必须从底层做起。只有在一线"滚出一身泥"，才有资格继续往上走。

陶华碧重新定义了"人才"：人才是否"高级"，不单单是由其自身的才能决定的，还与其是否与企业的属性相匹配有关。人需要和企业磨合，然后才能确定自己对企业的价值。

陶华碧是否引进过人才呢？有，第一个被她引进的人才就是她的大儿子李贵山。当时李贵山有高中学历,在部队待过,对于创业初期的"老干妈"而言的确是人才,不过陶华碧还是抱着之前的态度:不管你是谁,你都必须要在一线历练一番。于是,陶华碧直接把李贵山"发配"到了一线车间,让他学习最基础的操作:给辣椒剪蒂,清洗辣椒,熏制辣椒,剁辣椒,了解辣椒酱生产的每个流程的指标,包括湿度指标、温度指标以及时间指标等。

陶华碧原本是不想让李贵山进入"老干妈"工作的,但是在看到李贵山的决心之后,便毫不犹豫地让他从处理辣椒原料的环节开始干起,没有一丝一毫的照顾。经过母亲的"魔鬼训练",李贵山对"老干妈"产品的每个制作环节都了如指掌,并对每个工段和工种都进行了深入的了解和分析。直到这一刻,陶华碧才放心让李贵山从一线工作中抽出身来,腾出时间去制订"老干妈"的规章制度,这才有了"老干妈"最初版本的规章制度。

面对竞争日益激烈的市场,陶华碧觉得人才始终不够用,而培训人才又需要时间,所以必须要尽早招聘一批有潜力的人,于是她招聘了有本科学历的王海峰。王海峰是"老干妈"里的第一位大学生。

说起来,陶华碧最初招聘王海峰,只是为了让他当办公室主任,分担自己的一些繁杂事务。陶华碧一开始没有马上正式任命王海峰,而是像对待李贵山那样,让王海峰在公司里做杂活,和一线的操作工人们同吃同住,感受"老干妈"的工作氛围,了解"老干妈"的企业文化。等到王海峰对基本工作熟悉以后,陶华碧便派他到全国各地去考察市场,并打击假冒产品,总之王海峰没有在办公室里待过一天。

在当时的社会环境里,"老干妈"招来一位大学生实属不易,可陶华碧偏偏如此"折磨"这样一个人才,似乎从侧面说明陶华碧对高级人才的"不重视"。然而事实并非如此,陶华碧坚信"玉不琢,不成器"的道理,人才只有在熟悉了"老干妈"的具体工作之后,才能发挥作用。于是,王海峰在陶华碧的有意磨炼之下,经过半年的时间,总算得到了认可,这才正式成为"老干妈"的办公室主任。

陶华碧的"魔鬼训练"效果显著,王海峰由于积累了丰富的一线经验,走马上任之后,将实践和理论相结合,游刃有余地处理公司的大小事务,很快就成为公司里的重要角色之一。陶华碧如果没有远见,直接把王海峰"空降"到办公室主任的位置上,王海峰很可能会在实践中与现实脱节,不仅没有功劳,还可能犯错。现在,越来越多的企业家都认同陶华碧的用人方法,那就是下基层。一般来说,当企业的规模壮大之后,组织架构必然也会变得复杂,决策层、管理层以及执行层之间会有多层障碍。这种障碍不仅是地位高低的障碍,还是认知层面的障碍,即决策层可能不了解执行层面对的真正问题是什么。一旦出现突发事件,决策层有可能贻误时机,或犯主观上的错误。只有在一线经过锤炼的决策者,才能制定出符合企业根本利益和现实情况的决策。

在李贵山、王海峰等人下基层之后,陶华碧意识到这种方法是奏效的,至少是符合"老干妈"自身特点的,于是她将这个做法进行制度化,要求所有管理人员必须熟悉"老干妈"的一线业务。陶华碧的小儿子李辉进入"老干妈"时,此时的"老干妈"已经成为行业中的"龙头",不再面临那么大的生存压力,按理说李辉承担的责任要比哥哥李贵山轻很多,但是陶华碧没有区别对待,还是坚持让李辉深入一线工作。

如果按照世俗的观念来看,李辉这样的"少东家"下基层,不过是体验一下生活而已,不犯错就可以了,想出成绩恐怕很困难,然而真相是李辉在工作中硕果累累。他曾经多次参与"老干妈"的商标设计工作,先后获得"风味糟辣椒食品包装瓶外观设计专利""姜蒜糟辣椒食品包装瓶外观设计专利"等8项专利,与此同时,陶华碧还让李辉负责"老干妈"的财务工作,最后李辉拿到了高级经济师的职称,这些成绩足以证明李辉没有仗着自己的特殊身份在一线"摸鱼",而是兢兢业业地投入工作,延续了母亲身上的奋斗精神。

不少企业都有"下基层"的规定,但很多人认为这不过是一个走流程的环节,管理人员回到管理岗位之后,一切照旧,然而"老干妈"并不是这样。陶华碧担心下过基层的管理者会因为后来较为舒适的工作环境而忘掉之前吃过的苦,所以会在第一次下基层以后,鼓励大家第二次下基层。陶华碧并非有意为难大家,而是市场在变化,企业本身也在变化,多年前的基层经验很可能不适用于当下,只有持续保持对一线的了解才能真正适应时代和市场的需求。

高级人才的初步培养是在学校里,这只是人才成形的第一步;第二步必须要在实战中进行,实战的战场就是企业的一线。只有经历过这两个环节的打磨,高级人才才能发挥实力。陶华碧如果不是白手起家,恐怕也很难认识到深入一线的重要性。陶华碧的一线经历让"老干妈"在人才管理上走出了一条最现实、最科学的人才培养之路。

Chapter 6

"土味"管理更胜一筹

1. 没有董事长，只有"老干妈"

每个企业都有属于自己的企业文化，有的侧重激发斗志，有的侧重团结一心，也有的侧重同甘共苦，而"老干妈"的企业文化侧重亲情文化，其管理方式也被称为"干妈式管理"。在"老干妈"有一个很有趣的现象，没有人叫陶华碧"董事长"，无论干部还是员工，一律喊她"老干妈"，让外人感觉这里似乎没有上下级之分，整个公司就是一个充满欢声笑语的大家庭。

除了"干妈式管理"之外，"老干妈"在公司的结构设置上也别具特色，这里没有董事会、副董事长、副总经理，全公司一共只有五个部门，且管理人员要经常下一线。"老干妈"的管理人员常开玩笑地称自己是"业务经理"和"行政经理"。

一个没有"董事长"的公司，听起来有点不可思议，不过这也恰恰反映出陶华碧的管理风格：我既然凭借一己之力走出一条路，那就没必要按照别人的剧本演下去。的确，陶华碧之所以成功不是因为学习了什么高深的"成功学"，"老干妈"的运作方式也是她通过实践摸索出来的。既然如此,那就没必要照搬、照抄所谓的企业管理法则。

换个角度看,陶华碧的这种管理风格体现了一种感性的纯真,她不单纯依赖理性,而是尽量从经验和实际出发分析问题,这种策略看似毫无章法,其实非常适合"老干妈"这种土生土长的家族企业。一旦用某种标准去约束,很可能会适得其反,无法适应催生这个民族品牌的土壤。

不把自己当成董事长,也体现出陶华碧身上的耿直特性。当初在第一瓶辣椒酱出厂时,陶华碧就把自己的照片贴到了辣椒酱的瓶子上。陶华碧没有对照片进行任何处理,她不要什么老板的派头,不介意将最真实的形象展示给世人。她不需要用其他的附加价值来表现自己,而这种自信也彰显了她作为一位朴素的民营企业家的情怀。

敢于抛弃"董事长"这个称谓,也暗藏了一种管理策略。陶华碧放下"董事长"的人设,而选择了"老干妈"的人设,是因为她要切实抓住一线工作,更好地了解和掌控企业。这里就体现出一条管理法则:企业的管理者不能脱离基层。有些风光一时的企业后期经营失败,很重要的一个原因就是高层脱离了基层,这些企业要么是获得了充足的银行贷款,让领导者产生了优越感;要么是企业融资上市后,领导者好高骛远,丢掉了创业初期与员工同甘共苦的良好习惯。领导者一旦闭目塞听,就会作出和现实情况背道而驰的错误决策,最终葬送企业原本光明的发展前景。

陶华碧远离"董事长"这个定位,其实是在远离企业经营管理中常见的两大陷阱。

第一个陷阱——虚假信息。

当创业者登上高位之后,会逐渐把注意力放在企业的大战略、大方向的规划和制订上,很少再去关注基层的真实情况。基层员工想要向高层反映情况,也会被各种层级关系制约。结果是一线的声音传不到高层那里,高层只能听到中层的声音,这就会导致严重的信息不对称,导致很多问题无法在第一时间解决,等到高层发现时,企业的健康已严重受损。

为了弥补信息差,高层管理者应多在基层走动、多和员工打交道,一方面拓宽信息渠道,另一方面也让员工放心大胆地反映情况,从而快速、有效、彻底地发现和解决问题。

第二个陷阱——"山头主义"。

企业在创业初期,团队成员之间是非常配合的,因为没有什么利益可以瓜分,"共享"的只有困难,所以人和人之间更为团结,但是在企业发达之后,利益会导致内部逐渐分裂。高层管理者如果长期"深居简出",不了解基层和中层的权力分配和斗争的话,就会让"山头主义"逐渐取代公司的管理制度,让内部的裂痕越来越大,最终破坏企业的经营管理秩序。

为了促进企业内部的团结,高层管理者应多深入基层,了解内部是否存在派系之争。如果存在,就应尽早地清除病灶,维护企业管理团队的纯洁性。

现代企业管理学认为,高层管理者不能距离员工太远,否则会忘掉初心,最终威胁企业的长远发展。高层管理者哪怕只是和一个实习生聊天,哪怕只是和一个保安碰面,都有机会了解企业目前的真实情况,纠正之前接收到的错误信息。

对于管理者来说,企业有一道无形的门,门的一边是管理者了解的世界,这里可能歌舞升平;而门的另一边是未知的世界,那里可能危机四伏。管理者不能因为留恋已知世界的美好而驻足不前,必须要拿出勇气去推开那扇门,观察未知世界的一草一木。陶华碧,这个没有读过企业管理学著作的民营企业家,早早就明白了这个道理,所以才能义无反顾地推开那扇门,实现自我。

2. 要的就是人情味管理

如果说女企业家和男企业家有什么差异之处的话，两者可能就是在管理上的细腻程度不一样。女性与生俱来的温柔和敏感，会让她们在管理员工时考虑得更加全面，管理方法更深入人心，陶华碧就是如此。从她独自经营小饭店的时候起，她就能体察吃不起饭的孩子的疾苦，以母性的温柔去帮助他们。这种善良博爱的特质也一直延续到"老干妈"成立以后。

在底层奋斗多年，陶华碧身上总有一种"接地气"的质朴气质，即便她成为"老干妈"的董事长之后，她也没有把自己当成一个"领导"，她仍然是那个带着大家一起致富的领路人。陶华碧拥有了车牌号为A8888的豪车之后，平时也很少将车开出去，更喜欢出门坐公交，吃的也是粗茶淡饭，并没有过上人们想象中的奢华生活。她的朴实并非源于刻意的低调和伪装，而是源于骨子里的精神。她来自人间烟火处，依然保持着对底层老百姓的关注。陶华碧的善良拉近了她和人们的距离，让人们看到了一个食人间烟火的企业家。

如今，一些企业家为了保持神秘感和权威性，往往会有意和员工、基层干部保持距离，认为这样才能打造出不可被挑战的"人设"，但是陶华碧从来不这么做，她就是和几十个员工摸爬滚打走到今天的，怎么可能一下子变成神龙见首不见尾的人呢？

陶华碧说过，只要有一天听不到辣椒酱瓶子碰撞的声音，这一天就无法踏实地度过。她几乎每天都待在工厂里，关心每一个生产环节，就和当初自己亲手制作辣椒酱一样。当然，陶华碧更关心的还是员工。

管理员工，一直是让很多企业掌门人头疼的事情。有的人认为要树立威严形象，也有的人认为要恩威并举。那么，陶华碧是如何管理员工的呢？她其实没有那么复杂的管理理念，她对员工就是充满人情味的管理。当然，陶华碧奖罚分明，她像母亲一样对待每一位员工，她甚至可以叫出60%的员工的名字，而这些人未必是职位高、资历老的人，他们可能是守在门口的保安，可能是流水线上的工人……尽管陶华碧已经青春不再，但是她的记忆力没有减退，她对下属的真情也没有削弱。她始终不忘初心，关心身边的每一个人，正如当年关心那些和自己毫无瓜葛的穷学生一样。

一个登上胡润富豪榜的成功企业家竟然会和邻居老太太打麻将，还会和员工谈工作、聊家常，完全看不出她身上的优越感，这就是陶华碧的过人之处——"从群众中来，到群众中去。"

在改革开放之后，很多将生意做大的企业家都不遗余力地学习西方的管理经验，有的人稍加改造，有的人则全盘接受，这种对西方管理学的盲目崇拜，让很多看似完美无缺的理论遭遇了"滑铁卢"。当然，这并不是说理念本身有问题，而是这些理念没有真正和企业的发展情况相结合。以"老干妈"为例，"老干妈"是一个从小工厂发展起来的企业，虽然规模已经扩大，但朴素的本质并没有变，陶华碧的"土味"管理策略反而更适合

"老干妈"。

陶华碧将所有员工都当成亲人,既然是亲人,就不可能教条地对他们进行管理,可以严厉,也需要规章制度,但更需要使用人性化的管理方式。教条式的规章制度只能约束人的某些劣根性,要想激起员工的斗志,就必须用人性化的管理方式。那么,人性化管理的精髓是什么呢?是企业的管理者真正站在员工的角度去理解他们的难处。

"老干妈"的工厂有上千名工人,他们大多家庭条件一般,赚的每一分钱都要用在刀刃上。"老干妈"公司在龙洞堡,距离贵阳市区比较远,附近也没有吃饭的地方,因此陶华碧决定所有员工的吃住都由公司承担,这个传统一直保持到今天,"老干妈"员工的福利在贵阳是一流的。

陶华碧为员工提供了免费的食堂和住宿,免去了他们的后顾之忧,这足以证明,发达起来的陶华碧始终没有忘本,她能够深切地体会到穷人的难处。

"老干妈"有一位来自农村的厨师,父母早亡,有两个年幼的弟弟需要照顾,生活条件很差,巨大的压力让他终日借酒浇愁,几乎每个月的工资都用来买酒了。在外人看来,这种人劝也无用,毕竟生活是自己经营的,对于一般的企业管理者来说,只要厨师不在工作上犯错,就没有必要去干涉人家的私生活,但是陶华碧得知这一情况后,表示了担忧,因为她知道,这会让厨师更加看不到未来的希望。

一天收工后,陶华碧专门请这位厨师到酒店喝酒,席间,她这样说:"孩子,今天你想喝什么酒就喝什么酒,想喝多少就喝多少;但是,从明天开始,你要戒酒戒烟,让两个弟弟去念书,千万别让他们像我一样,一个大字都不识。"这番情真意切的话让厨师深受感动,他立即表示会戒酒戒烟,但陶华碧知道这并非易事,她给厨师下了规定:每个月只留给他200元零花钱,其余的钱都交给她保管,什么时候弟弟需要上学,再从她那里支取。后来,厨师在陶华碧的监督和鼓励下,终于改掉了不良嗜好,工作和生活态度都变得积极向上,两个弟弟也最终读完了大学,最后都找到了不错的工作。当他们来看望拉扯自己长大的哥哥时,这位厨师却告诉他们应该先看望陶华碧,因为没有这位"干妈",就没有他们的今天。

厨师不过是"老干妈"公司的一位普通员工,但是陶华碧能够亲自为其理财,这在国内的企业家圈子中实属罕见。事实证明,用人心去温暖人心,才是富有人情味的管理,而装作理解对方的虚情假意,不能感动别人,甚至欺骗不了自己。

凡是在"老干妈"工作过的人,都能感受到来自陶华碧的那一份真情,他们过生日的时候,都能收到陶华碧送来的礼物和一碗带荷包蛋的长寿面。如果有员工因公出差,陶华碧还会像对待亲生儿女一样,为员工煮上几个鸡蛋,送到火车站去。此外,陶华碧还隔三岔五地去员工家里串门,就像是去亲戚家闲聊,自然亲切,不会让员工有任何不适。

人情味的管理,核心在于"情感",也就是管理者能够以情动人、以情感人、以情励人,能够让员工感受到规则之外的温情,激发他们主动为企业创造价值。正是这种在管理中"加点情"的工作方法,让"老干妈"的全体员工都能感受到来自公司的关心和爱护,这种感动往往猝不及防,而当这种感染力深入到每一位员工的内心之后,就会驱使员工为了企业的前途而努力奋斗。

3. 讲人情不等于不讲原则

有温度的管理能够给予员工亲情般的温暖,但这并不意味着只讲人情、不讲原则。恩威并举永远都是管理的重要法则,陶华碧在管理"老干妈"时也不例外。

独自一人撑起一家企业,性格软弱的人是很难做到的,而陶华碧就是出了名的性子烈,她和税务局的人吵过架,和工商局的人拌过嘴,她烈火般的性格远近闻名。她是一个眼里不容沙子的人,她重视感情,也看重原则。当原则与感情碰撞时,陶华碧往往会选择前者。

人情味固然重要,但如果把握不好度,人情味就会在企业内部泛滥,到时候影响的就是整个企业的经营管理秩序。中国独特的人情文化是家族企业天然存在的弊病,在其他企业中也不少见。

所谓"人情文化",指的是不管做什么事,总是秉承"熟人优先"的原则,这是将"人情主义"当成了最高的社交法则。从字面意义上看,人情是指人的情义,主要是指人与人之间的友好往来,比如别人帮你在客户那里说了好话,你回请对方一顿饭。人情主义广泛存在于社会中,适用于各种社会关系,是一种朴素的道德哲学。

对陶华碧来说,人情主义是她始终要面临的一个难题。她生在农村,原本就是熟人社会,加上亲戚朋友大多数都是穷人,在她发达之后,他们免不了会上门找她。当然,陶华碧是一个重感情的人,对于有求于自己的人是能帮则帮,但这完全是被人情主义所绑架的,因为这些求助她的人当初没有多少人帮过她,只是陶华碧大度,没有计较罢了。然而,随着时间的推移,陶华碧觉得人情主义对"老干妈"危害巨大。

"老干妈"每年都需要大量的辣椒,陶华碧的不少老乡都把自家的辣椒送到贵阳,为的是不愁销量,还能卖个好价钱,但"老干妈"采购原料很讲究,对于品质差的辣椒一概不收,因为这会影响辣椒酱的口感。这些毛遂自荐的老乡原本不在"老干妈"的原料采购企业的清单上,属于不正规的散户,不过陶华碧碍于情面,开始还是照单全收,也算是变向回报家乡。

有一次,陶华碧的一个姐姐送来一车辣椒,陶华碧悉数收下,结果质检部的负责人报告,在这批辣椒中发现了小石子。陶华碧一听,顿时火冒三丈,按照"老干妈"的规矩,别说是小石子了,就是辣椒蒂都要提前剪掉。这些石子如果到了辣椒酱里,后果不堪设想,不仅会危害消费者的健康,还会损害"老干妈"的品牌形象。

至此,陶华碧终于对人情主义忍无可忍,她当着姐姐的面发火,说自己以后不会再收她的辣椒,并让她把送来的这一车辣椒带走。从这件事开始,陶华碧真正认识到人情主义的危害,她作为一家企业的领导者,不能被各种关系绑架,否则未来会招惹更多的是非。

事实上,一些干部和员工身上已经有了以人情为重的迹象。当初,这些人跟着陶华碧同甘共苦地创办了"老干妈",靠着对陶华碧的信任和熟人关系支撑到了今天,但是随着企业的发展,一些元老开始居功自傲,不再像创业初期那样任劳任怨地工作,每天考虑的是如何为自己牟求私利,而"老干妈"的人情味管理又在某种程度上起到了催化作用。陶华碧终于意识到潜藏的巨大危害,她必须要采取措施,解决管理问题。

下定决心以后,陶华碧在企业管理上以原则为主、人情为次,她让大儿子李贵山设立了最初的"老干妈"管理条例,逐步完善"老干妈"的现代化管理制度。在这个过程中,陶华碧处处承受着压力,因为她要"开刀"的都是亲朋好友,是自己最熟悉的人,但为了企业的长远发展,她不能再被人情主义绑架,人情文化已经成为制约"老干妈"发展的枷锁。

在陶华碧的督促下,李贵山设立的管理条例做到了系统性和简洁性的统一,匹配"老干妈"的企业特征:表述简洁易懂,能够让文化程度不高的员工看懂。"干活不能偷懒""做人要踏实,不能偷东西"等要求,看起来并不像企业的内部章程,但是员工一看就懂。管理条例囊括了工作中的方方面面,让每个岗位上的人都能明白自己肩负的责任和应当遵守的规矩。为了确保员工按照计划工作,李贵山还设立了奖惩机制,并要求全公司的人都严格按照规章制度办事。至此,陶华碧的人情味管理就更为合理,员工在工作中需要处处以原则和大局为重。

需要注意的是,人情味管理和人情主义并不相同。前者是在管理中加入人性化的元素,这一点"老干妈"一直坚持至今;而后者纯粹是出于人际压力而违背原则,是危害企业的根本利益的,也是陶华碧整治的重点。

制定制度本身不难,难的是如何贯彻执行,这对于曾经被人情主义绑架的"老干妈"来说尤为困难,但陶华碧还是心一横,咬牙坚持了下去。她不能让人情和面子葬送自己亲手打造的品牌,她拿出了改革家的魄力和勇气。在她的督促下,李贵山当年设立的管理条例直到今天仍然发挥着作用,而且深入员工的内心。这不仅因为管理条例本身简单易懂,还因为陶华碧克服了一切障碍,坚持到底。

"老干妈"的内部制度之所以取得成功,主要有三点原因:一是标准明确,让员工知道该做什么、不该做什么,开门见山;二是标准制定后,不再改变,加深了人们的记忆,避免有些人钻空子;三是标准制定后,进行充分说明,给予大家提问和质疑的权利,而标准一旦落地,就会严格执行。

企业如果缺乏明确的规章制度,工作中就很容易产生混乱,影响正常的经营管理秩序,轻则降低效率,重则引发严重事故,最终缩短企业的生命。陶华碧敏锐地意识到人情主义的危害,果断地将人情主义和人情味管理切割开来,消除前者,优化后者,让全体员工始终将原则放在第一位,始终以企业的发展大局为着眼点,同时采用人性化管理,既维护企业的长治久安,又创造一个和谐温馨的工作环境。

4. 谁说工作就不能快乐了

人到底能不能通过工作获得快乐,这似乎是一个存有争议的问题。一般来说,当员工对工作不满意的时候,要么是待遇不够,要么是和企业文化无法融合,总的来说,就是没有在工作中找到快乐。

陶华碧没有学过管理学课程,但这并不意味着她不懂得管理,她从一个路边摊干起,对人性和人心是有着独特理解的。正如"老干妈"辣椒酱能够带给人们舒爽刺激的快感一样,工作中也需要注入这种感觉,只有这样才能让员工充满期盼地干下去。陶华碧管理员工的核心就是让大家干得舒心。

这个理论虽然听起来十分简单,但是越简单的东西往往越有效。在陶华碧看来,企业不是单独的个体,而是由无数的员工组成的,"老干妈"能够走到今天,自然和这些员工的努力分不开,陶华碧因此增加了情感管理的内容,理解和关爱员工,让他们把公司当成自己的家。

家代表着温暖和踏实,是开心和安全的象征。在满足员工的安全感方面,陶华碧从不吝啬,她给员工上了各种保险,而员工有了保险之后,就能安心地工作。相比之下,如今一些私营企业舍不得给员工上保险,结果让员工极度缺乏归属感,时间一长,没有哪个员工愿意和企业共进退,导致企业的效益减少,企业因此更不愿意给员工缴纳保险金了,由此形成恶性循环。

满足员工的安全感只是一方面,另一方面还要满足员工对快乐的需求。或许在有些人看来,快乐是一个抽象的概念,其实为员工带来快乐有很多种方法,可以直接给员工升职加薪,也可以和员工拉近关系,只要让员工产生期待感和满足感,就能为他们带来快乐。针对这个问题,陶华碧从"民以食为天"入手,每年举行两次聚餐,让员工们享受大快朵颐的满足感。不仅如此,"老干妈"员工食堂的伙食也非常丰盛,很多员工表示在公司吃饭如同回到家一样,实惠、可口、温馨。

能够管理成千上万人,不是仅靠和员工拉近关系就行的,陶华碧的确用人情化管理的方式笼络了人心,但这种管理只是辅助手段,运用"快乐法则"的效果更加突出。"快乐法则"让员工的脸上洋溢着幸福的笑容,大家放下工作中的压力,围坐在一起,增进彼此的感情。

陶华碧多年的管理经验,让她悟出了三条人才管理的"心法"。

第一,授人以"鱼",给员工养家糊口的钱。

员工到企业打工可以锻炼自己的本领,但更迫切的需要是赚钱。如果这个最基本的愿望都得不到满足的话,员工何来快乐的资本呢?

第二,授人以"渔",教会员工做事情的方法和思路。

员工需要通过培训来提高个人能力,但培训应该站在员工的角度,而不能总是站在企业的角度进行。传授员工知识和方法要讲究技巧,要多和员工沟通,了解对方的真实需求。

第三,授人以"娱",把快乐带到工作中,让员工获得幸福。

快乐永远是第一位的，这也是陶华碧人才管理理念的核心。企业的管理者应当多关注员工的情绪状态，一旦发现负面情绪变得比较普遍时，就要反思：究竟是什么原因让员工没办法开心地上班呢？有时候问题出在待遇上，有时候问题和工作环境有关。总之，企业的管理者要对症下药，不能想当然地去归纳原因，那只会让员工的负面情绪越来越严重。

快乐是抽象的，快乐也是无价的。如今一些企业家之所以不让员工快乐，并非因为他们不懂快乐的含义，而是因为他们不愿意付出相应的成本。陶华碧却不一样，她能投入真金白银让员工获得快乐。当员工获得快乐后，正面的、积极的情绪会不断在人们心中传递，能够让原本抑郁的人得到开解，让原本愤怒的人平复情绪，让员工不由自主地把"老干妈"和快乐绑定在一起。

让员工快乐地工作，这不仅是一种策略，还是一种格局。陶华碧十分清楚，她手下的这些员工，大多数比较年轻，他们普遍有着叛逆的个性，每个人都有着自己的"小脾气"，容易以自我为中心，在工作中难免会产生摩擦，甚至是冲突，即便领导出面也很难直接化解矛盾，搞不好还会被扣上"拉偏架"的帽子，因此最好的解决方式就是增进员工之间的感情。在感情的作用下，人会变得更加宽容与温和，这样即便发生矛盾，也更容易调解。

也许有人会说，很多企业也有聚餐的习惯，这和"老干妈"并没有什么不同，其实两者存在很大的差别。

第一，气氛融洽。

为了保证员工的饮食健康、安全，陶华碧组织聚餐的食材都是自己种植和养殖的，大家看得见、吃得放心，就像农户从自家的菜园子里采摘再烹饪，生活气息浓厚。聚餐的时候，不是以部门为单位，打破了平时工作中的组织架构,大家更像是亲密无间的朋友在一起交流、沟通,这种"接地气"的餐桌社交扩大了人和人之间的交流空间,解除职位、资历等客观因素的限制,容易提振团队士气,也能够让员工和部门以外的陌生人尽快熟悉起来,让"老干妈"更像是一个经常内部走动的大家族。

第二,存在预期性。

预期会让一个人付出相应的努力,聚餐是在固定的时间举办的,员工在等待这个时刻到来时,就会产生压抑不住的期待感和兴奋感,这种积极情绪会让他们更加乐观地工作和生活;而大部分企业的聚餐是没有规律性的,无法提前去调动人们的情绪,所起到的情绪提升作用十分有限。

有人认为,感情都是在吃饭中培养的,事实上,吃饭的确更容易拉近关系,特别是在"老干妈"工作的人,有的白天上班,有的晚上上班,即便入职很久,也未必认识,但是聚餐增加了员工相互了解的机会,还有不少年轻男女借此走进了婚姻的殿堂,而陶华碧会主动地当他们的证婚人。

通过聚餐,员工获得了快乐,而快乐的员工会造就快乐的企业,而员工一旦365天都能获得快乐,可想而知他们会以何种状态投入到工作中去。在这种积极正向的氛围中,整个企业也收获了一支阵容强大且意志坚定的战斗队伍。

5. 家族企业照样干得惊天动地

长期以来,家族企业往往被人诟病,普遍的观点是家族企业具有任人唯亲、缺少来自外部的新鲜血液等缺点。的确,这是很多家族企业难以避免的缺陷,但这并不代表家族企业真的缺少活力,问题的关键在于领导者如何找到适合家族企业的管理方法。

"家族企业"这个概念,其实是从近代兴起的。纵观中国历史上知名的企业,大部分都是家族企业,比如同仁堂、全聚德等等,它们都经历了上百年的洗礼,才取得今天的成就;而国外也有很多家族企业享誉全球,比如杜邦家族、罗斯柴尔德家族、洛克菲勒家族等等。中国有着"富不过三代"的说法,很多人对家族企业的经营模式并不看好。从数据上看,家族企业的平均寿命通常为24年,基本上等同于企业创始人的平均工作年限,也就是说创始人无力领导以后,家族企业就会走向衰败。国外也有研究显示,家族企业有88%没有传到第三代,只有3%的企业在第四代之后还能继续经营。

种种数据表明,家族企业能长期发展的的确很少,但这并不足以给家族企业"宣判死刑"。以"老干妈"为例,"老干妈"之所以取得今天的成就,和"家族企业"的身份是分不开的:亲情化管理、管理层利益高度一致……这些都是上市企业所不具备的优势。由陶华碧坐镇的"老干妈"具有强大的粘合力。她一手创办了这个民族品牌,也最了解这个品牌的成功动力。

陶华碧对家族企业的弊端十分了解,那些劝她上市的人更是把这个弊端当成致命的软肋,不过,陶华碧还是打定主意要做家族企业,她表示:"谈到家族企业,外界不看好,我不那样看。没有家族企业,企业是赚不到钱的。不是一家人,就容易各是各的心。同是一条心,企业才能做大。"

的确,家族企业最大的优势就是彼此更加团结,管理层能够心往一处想、力往一处使,不会产生利益上的纷争;而如果是一堆外人过来管理,就很可能各怀鬼胎,给企业的稳定发展带来隐患。

当初,陶华碧的大儿子李贵山高中毕业后,去部队当了两年兵,随后转业到父亲工作过的206地质工程队,职业前景很光明,然而随着"老干妈"的日益壮大,李贵山意识到只靠母亲一个人忙活是不够的,于是提出要辞职到"老干妈"帮忙。起初,陶华碧坚决反对,因为她觉得自己只是做生意,儿子却是"为公家干活"。李贵山知道母亲心有顾虑,干脆直接辞职,去了"老干妈",陶华碧只好接受现实。

李贵山进入"老干妈"以后,减轻了母亲的压力,作为儿子,他是了解母亲的想法的,而且两个人商量总比一个人独自思考要更全面。后来,小儿子李辉加入之后,陶华碧肩上的担子明显轻了很多。本来,陶华碧打算寻找一位总经理来负责"老干妈"的日常事务,要求是对公司足够了解且为人忠诚,找了一圈还是发现李贵山最合适,毕竟没有人比他更了解"老干妈",也不会有人比他更忠诚。后来,"老干妈"拓展海外市场,李贵山挑起了重担,常年待在国外,而李辉则负责生产,兄弟二人各司其职。

从这里可以看出,经营管理可以去学,但忠诚度是学不来的,有些企业的确招聘到了专业能力过硬的职业经理人,但他们毕竟是利益至上的,不可能对企业无私奉献,一旦有风吹草动,就容易出问题。家族企业就不会出现这种问题,李贵山和李辉一定不会砸自家的招牌。事实上,有了两个儿子的帮忙,陶华碧的负担确实减轻了,也免去了不少后顾之忧。当然,这并不是陶华碧的最终决策,她在"老干妈"不同的发展阶段会采用差异化的策略,人事任免就是其中最突出的一个策略。

为了解决其他家族企业出现的内部僵化问题,陶华碧也一度甄选并引进职业经理人,曾经让大儿子李贵山只挂着总经理的名头,不掌握实权,小儿子李辉也被勒令离开重要岗位。陶华碧为什么要这样做?因为她知道在"老干妈"的创业初期,依靠李贵山和李辉的力量基本上可以应付,毕竟那时候家族企业的优势大于劣势——一家人可以同甘共苦,然而一旦企业进入成熟期,两个儿子没有受过专业的商业训练,必定会在经营和管理上吃亏,所以她下定决心让他们暂时远离核心岗位。不过,在2015年,陶华碧经过多年的考察,最后认定小儿子李辉更适合执掌帅印,于是李辉成为"老干妈"实际的掌舵人,而李贵山和李辉也取代陶华碧,成为胡润富豪榜上的常客。

家族企业并不代表着封闭和排斥外部力量,关键在于掌门人是否摆正了心态:职业经理人可以聘用,自家人也可以培养,但无论选择走哪一条路,都离不开先进理论和管理思想的支撑。在这件事上,陶华碧很有远见,她从1998年开始,就不断地派遣公司的管理人员去广州、深圳和上海等地,一方面是让他们考察市场,思考"老干妈"未来的生存策略,另一方面是让他们到知名的企业中去学习先进的管理经验。

陶华碧自信但不自负,淳朴却不无知,她虽然相信自己有能力管好一家企业,但不会傲慢地认为自己的经验可以解决所有问题,所以她总是督促身边的人努力学习管理:"我老土,但你们不要学我,单位不能这样。你们这些娃娃出去后,都给我带点文化回来。"

家族企业有自身的优势,也有力不从心的时刻。随着"老干妈"规模的不断扩大,企业的内部结构也发生了质的变化,人少的时候,可以通过重人情、轻规矩的方式去管理,可一旦人员增加了,管理者不可能了解每一个员工,这时候采用原来的管理方式就会比较吃力,只有科学化的管理理念和机制才能推动企业正常运行。或许正是因为看重人才的培养,陶华碧才不遗余力地让两个儿子学习管理技能,延续家族企业的荣光。

虽然没有文化的人可以成为一个强者,但不能将没文化当成一种优势。陶华碧深知这一点,为了弥补自己没读过书的遗憾,她不遗余力地让"老干妈"的领导团队不断学习文化知识和经营管理。

陶华碧促成了"老干妈"内部管理生态的自我调节,使其作为一个家族企业,依然可以做到与时俱进、接纳新思想。当然,人们对"老干妈"的管理团队并不了解。这支团队被认为是国内大型企业中最神秘的一个团队,因为陶华碧对他们的一个要求就是不要接受外界采访。

从现有的资料来看,这支管理团队的特质是忠诚、勤勉、低调。这也能从侧面体现出陶华碧的管理理念:忠诚能让管理者与企业同进退,勤勉能让管理者愿意亲近员工,低调能让管理者抛开杂念、专注眼前。

家族企业的灵活性是其一大优势,"老干妈"目前只有5个部门。陶华碧裁撤了一些重复冗余的部门,将有限的精力集中在几个部门上,大大地简化了工作流程。相比之下,一些企业管理浮躁,几个人中就有一个"领导",不仅很难提高工作效率,还会被复杂的人事关系所拖累。

相比那些拥有专业的HR团队和MBA学历的创业者的企业,陶华碧的家族企业的确没有特别出彩的地方,甚至可以说存在着某些劣势,但陶华碧就是凭着"土味"管理扬长避短,将希望放在员工身上。通过依靠员工、亲近员工和关心员工,实现企业和员工的利益共享,逐渐积累了强大的企业凝聚力,正如陶华碧所说:"我觉得家族企业挺好,'老干妈'只有作为家族企业才能发展得好,我们就是家族企业。"

6. 别偷懒，人不能惯着

惰性是人与生俱来的，即便是最勤奋的人，也不是完全没有惰性的，所有人都需要通过克服惰性进行自律。惰性的存在是必然的，但并不可怕，只要以正确的方法规范和约束自己，就能弱化人性中消极的一面，释放出积极的一面，以更饱满的精神状态，投入到工作和生活中去。

在"老干妈"，除了人情味管理以外，犯错的下属也会严厉无情地批评。无论是员工还是干部，只要工作出了差错，都会被陶华碧劈头盖脸地教训一番，可以说"老干妈"上下几乎无人幸免，就连陶华碧的小儿子李辉也不无感慨地表示，母亲就是一个强势的人。的确，陶华碧如果不够强势，就不可能有今天的辣椒酱帝国。

人心是肉长的，人需要别人的关注和善待，这是一种生存的本能。作为企业的领导者，也的确要关心下属，但人也是有惰性的，容易偷懒和放纵，这是人性的缺陷，作为管理者，就要逼着下属改掉这些缺点，只有这样才能确保企业健康有序地运行。

当"老干妈"规模扩大之后，陶华碧不用再被束缚在生产一线上，但她并没有闲着,反而利用闲暇时间在工厂里转悠。她时刻监督和提醒员工,发现公司存在的问题。也许有人认为,在流水线作业的今天,没上过学的陶华碧如何能够纠正员工的错误呢?其实不然,陶华碧制作了一辈子的辣椒酱,虽然她不了解大机器生产,但是她对辣椒酱的熟悉程度无人能比,几乎只要看上一眼、闻上一闻,就能发现问题。她会毫不留情地指出错误,如果这个错误是之前提到过的或者在培训中训练过的,犯错者就会被她训斥。

在"老干妈"的管理文化中,被骂并不意味着你被领导轻视,相反是一种重视,因为骂的最终目的是让员工纠正错误、尽快成长,说明领导对员工依然抱有期待。对陶华碧来说,训斥员工还有更深一层的意义:在她眼中,员工就像是她自己的孩子,孩子犯了错,怎么能不管呢?

"老干妈"的企业文化并不缺乏人情味,但光有人情,无法进行有效管理。陶华碧凭着中国妇女固有的勤劳、善良和有韧性的优良品质,创立了"老干妈",她的管理风格也是直接而质朴的,这就是其管理风格所依托的客观环境。

陶华碧的管理风格,平和中藏着威严,严厉中带着温柔,她的确有着烈火般的性格,可有时候也温柔可亲,或许这体现了她作为一个女性企业家所特有的管理心态,真正将关爱与批评融为一体。

人会犯错,一味地采用人情化的管理,未必能解决所有问题,有时候还会适得其反,因此,批评教育是管理体系中不可或缺的一环。至于如何批评员工,不同的管理者有不同的方法和尺度,而陶华碧则总结出了适合她自己、也适合"老干妈"的批评守则。

第一,不是所有的错误都要批评。

员工在不了解的事情上难免犯错,正确的做法是吸取教训,组织相关培训，杜绝员工在同类问题上反复犯错。

第二，一次批评只说一件事且时间要短。

孩子是需要时间成长的，员工也是如此，有些管理者喜欢揠苗助长，恨不得员工马上从新手升级为精英，于是在批评对方时，恨不得列出"十条罪状"，这样不仅不能帮助员工成长，还会因为一次性要求太多、批评太多而严重挫伤对方的尊严和积极性。正确的做法是一次批评只说一件事，让员工先有针对性地改正一个错误，再慢慢完善。当然，在员工进步的过程中，始终不要忘记表扬对方，给予他们快速成长的信心与动力。

第三，鼓励员工超越自己。

人和人之间存在差距，有的人天资聪颖，很快就能学会技能，而有的人则需要长时间的训练才能学会。此外，不同的性格也会造就不同的行事风格，不同性格的人之间未必有高下之分，如果强行对比，只会伤害其中一方。

第四，批评最好秘密进行。

每个人都有自尊，一个员工如果颜面扫地，有可能会自暴自弃。批评员工一定要秘密进行，这样才能让对方感受到领导是在关心他，让他正视自己的错误，而非有意刁难他。当然，如果员工屡次犯错，或者所犯的错误对团队有重要的警示意义，就要公开批评，让其他员工吸取教训。

第五，批评要当面进行。

不在别人背后说闲话，这不仅是做人的准则，还是重要的管理法则。员工犯错时，需要从领导者口中得知自己错在哪里。员工如果从别人口中得知领导批评了自己，就无从得知领导是否真的认为自己犯了错。为了让员工明白自己的错误并着力改正，管理者对员工的批评一定要当面进行。

第六，批评时要用词恰当。

管理者批评员工时的措辞很重要，如果使用了嘲讽戏谑的口吻，有可能造成员工理解偏差，甚至有可能让员工产生逆反心理。此外，领导在批评员工时，不能辱骂对方，这样做只能让批评失去作用，让员工离心离德。

人情味管理和批评文化，似乎体现了一位母亲在面对孩子时的两种做法。人情味管理和批评文化并不矛盾，活用两者既能让员工感受到企业的温暖，又能让员工不断受到鞭策，在成长中吸收爱与能量，从平庸之辈变为企业的中流砥柱。

7. 是人才，多少钱都要拿下

一个合格的管理者，必然是一个不嫉贤妒能的人，这样的管理者才能招揽到真正的人才。有些企业的管理者担心有才能的人往往留不住，最终成为竞争对手或者竞争对手的帮手，结果错失了与人才共同创造成就的机会。

陶华碧作为一个从底层做起的企业家，她深知自己在很多方面存在不足之处。如果只把"老干妈"定位成一个普通企业，那她一个人也许可以应付，但如果想要做大做强，走向世界，那就必须邀请更多专业人才帮助自己，这就是借力的重要性。

关于陶华碧的借力，可能存在争议，有人认为陶华碧借的是广大员工的"力"，也有人认为陶华碧借的是政府的"力"。从表面上看，这两种观点都有一定的道理，但拥有大量员工的企业并不只有"老干妈"一个，而且国家政策也不是只为"老干妈"而设计的。

综上所述，陶华碧真正需要借助的力量，是专业对口的人才的力量。

做辣椒酱看似简单，但如果涉及制作规模、制作成本以及制作技术的问题,仅仅依靠陶华碧个人的知识和经验是远远不够的。因为她经营的是一个品牌,而不再是小小的实惠饭店,所以她需要专业人才帮助自己解决问题。陶华碧曾经感慨:过去工厂有困难,她会和员工一起面对,可是现在遇到的困难她自己也解决不了,怎么和员工共同面对呢?

事实的确如此,"老干妈"发展壮大以后,陶华碧遇到了之前没有遇到过的问题。在技术性很强的问题上,她只能寻找专业人才帮助自己解决,比如帮助"老干妈"打官司的龙永图,他在公司的事务层面给陶华碧提了很多建议,帮助陶华碧更游刃有余地面对商业纠纷、仿冒产品等问题。

正因为重视人才的引进,如今"老干妈"内部已经聚集了一大批技术人才,博士和硕士并不罕见。陶华碧每年都会在贵州省的大型招聘会中选拔人才,而且她优先招聘从外地回到家乡的本地人。值得一提的是,陶华碧不会因为"老干妈"名声在外而产生优越感,相反,她认为做辣椒酱的企业乍一看确实没有什么技术含量,所以要给出足够高的薪水和足够好的福利来招募人才。陶华碧甚至还会为员工提供安家费,解决他们的后顾之忧,让更多的人心无杂念地跟着她干。

除了通过招聘会招募人才之外,陶华碧还会通过熟人推荐的方式招揽贤才。"老干妈"对人才的需求量很大,单纯依靠招聘会是不够的。陶华碧信任的人向她推荐的人才,她通常都会采用。如果说招聘人才要看态度,那么使用人才就要看方法了。

很多企业在招收人才时,都会面临一个问题:如何让新人尽快成为自己的得力干将。虽然他们拥有过硬的专业素质,有的也具备一定的工作经验,但让他们接受新的企业文化、融入一个新团队需要时间。在没有群众基础的前提下,如果贸然将新人安排到较高的管理岗位上,很容易引发一些问题,但如果让这些人只从事基础性的工作,也是在浪费他们的才能,无法留住他们。因此,作为企业的管理者,要学会平衡其中的关系,既要为新来的人才提供展现才能的空间,又要让老员工接受可能要面对的"空降上司",避免或减少内部纠纷。

有些管理者认为,既然花大价钱招来人才,就应该大胆地使用,不然就是浪费人才,但如果没有一个合理的人事任用规划,往往会加剧外来人才和老员工之间的矛盾。因为"空降兵"通常都急于证明自己,一旦他们掌握权力之后,就会"新官上任三把火",拿出比较大的改革力度,而这一类改革通常都会推翻企业原有的做法,有可能会引起团队内部元老们的反对,但是如果"空降兵"循序渐进地改革,领导者又会觉得他们的作用不大,因此陷入困境。

归根结底,领导者在引进人才时,要本着信任的态度,给对方展示才能的时间和机会,不能苛求一蹴而就,那样只会影响企业内部的运行秩序;同时还要管理好老员工,让他们不要成为外来人才发挥才干的绊脚石。

疑人不用,用人不疑。陶华碧在这个问题上始终保持着清醒,她知道自己最擅长的还是做辣椒酱,至于其他方面,她只能从朴素的视角提意见,而不能被当成"专家"。陶华碧从来不会和工程师、经济师、营养师争论技术上的细节问题,她把自己摆在这样一个位置上:她作为领导者,只是招募人才的"客户",而人才则是服务客户的"技术供应商"。陶华碧还十分朴实地说过:"……很重要的一个原因是没法吵架,他跟我说什么生物、财务,我搞不懂。"

陶华碧没有学过企业管理方面的知识,但是她很清楚一件事:领导者只有敢于启用比自己强的人才,企业才有更广阔的发展空间。陶华碧也非常注意和专业人才沟通的方式,她认为管理者不用跟员工比专业技能,而要善用人才。管理者要牢牢把握企业发展战略的大方向,这样才能推动企业朝着良性健康的方向发展。

Chapter 7

白手起家的商业帝国

1. 做"爆款",高手还是在民间

一直以来,外行领导内行是很多人诟病的现象。有人觉得外行缺乏专业知识和丰富的经验,所以只能瞎指挥;也有人认为,外行并不需要像内行那样从事具体工作,外行的领导力才是衡量其价值的重要标准。

除了内行和外行之争,关于内行本身也存在争议。有人认为内行只有具备一定的学历水平、社会经验甚至海外背景,才能将事业做大,也有人认为内行不需要用这些标签来证明自己。那么,什么人才是内行?

上述问题,或许永远都不会有标准答案,不过对于"老干妈"而言,答案非常清晰:内行可以是草根出身。

陶华碧是制作辣椒酱的高手,但这个高手没有高学历,更没有海外背景,她不过是一个农村妇女。就是这个农村妇女,取得了很多高学历人才都没有的成就。陶华碧靠着她的质朴,带领大家走上了一条致富之路,也打造了一个名扬国内外的品牌。

"老干妈"深耕的是佐餐调味品行业,在壮大之后,可能需要专业的经理人,但是在创业阶段,最需要的还是"专家",而"专家"必须是实打实干出来的，拥有丰富的经验和。他们的思想可能有些"土味"，但必须实用。

前些年，有一种推崇管理至上的风气，认为"富人学管理，穷人学技术"，然而事实真的如此吗？如果陶华碧只是一个精通管理却毫无技术的人，她如何带领大家烹制可口的佐餐食品呢？这样的人或许能够让工厂内部的管理秩序保持稳定，却无力打造出一个具有竞争力的品牌。

重视管理没有错，但是轻视技术就有问题了。如果不经历技术增效的阶段，能够直接快进到管理大师发挥才能的阶段吗？不要忘了，做好管理工作，并非只靠管理技巧，还要靠管理者自身的权威性。

陶华碧思路清晰地指出，调味品是一种征服大众口味的食品，如果一上来就用"高大上"的企业模式去经营，大概率不会获得一个好结果。消费者关注的是产品好不好吃，产品不好吃，含金量再高的营销创意也没用。这也就意味着，一旦掌握了高超的烹制技术，就掌握了挖掘金矿的铲子。

"老干妈"的灵魂是什么？配方。配方掌握在谁的手中呢？陶华碧。她对配方从来都是秘而不宣的。单从这一点来看，我们就有理由用"高手在民间"去形容陶华碧，她没有文凭怎么了？没有背景又怎么了？只要她掌握了能征服食客味蕾的技术，她就可以亲手打造出"爆款"产品。

人们一般会认为，高手应该掌握过硬的专业技术，受过良好的职业训练，但事实上，这只是一种类型的高手，还有一种类型的高手陶华碧这样的民间巧匠，她比绝大多数人都了解佐餐食品的烹制方法。陶华碧冲在一线，并不只是为员工作表率，她还通过不断的实践，去验证技术是否合格以及是否有改进的空间。

陶华碧是一个闲不住的人，她把大量的时间用在一线工作上，她借此保持对辣椒酱的敏感，并持续开发美味的产品。

"老干妈"刚成立的时候,厂子里只有40个员工,是一个简单的小工厂,没有现代化的生产线,所有的工艺技术都采用最原始的手工操作。那么,"老干妈"辣椒酱的辣椒是怎么做出来的呢?员工需要一刀一刀地把辣椒剁出来,这在当时是全厂最辛苦的工段,这些操作工也被称为"剁椒工"。他们为了保护眼睛和呼吸道,每天都是全副武装上阵,而剁辣椒又是体力活,时间一长就会觉得口罩碍事,呼吸也不通畅,眼罩也会憋住汗水,最后剁椒工干着干着,就把装备全卸掉了,结果被辣椒汁液呛得流泪。不少人都把捣麻椒、切辣椒看成是最低端的工作,没人愿意做,做的人也是天天闹情绪。

陶华碧得知这个情况后,直接去了剁椒车间,指导大家如何克服困难。为了让员工们学到方法,陶华碧亲自动手,一只手握一把菜刀,两把刀抡起来剁,她一边剁还一边说:"我把辣椒当成苹果切,就一点也不辣眼睛了。年轻娃娃吃点苦怕啥?"大家听了都笑了,也就不在意辣椒对自己的折磨,纷纷拿起了菜刀。陶华碧自己则因为经常参与剁辣椒的工作,患上了严重的肩周炎,十根手指的指甲由于长期接触调料而全部钙化。

为了尝出辣椒酱的味道正不正宗,陶华碧平时不敢吃油腻和口味重的饭菜,而且身边总是准备着一杯白开水。辣椒酱做好后,她会先喝一口水,然后再去品尝辣椒酱。由于常年试吃辣椒酱,陶华碧的口腔溃疡十分严重。有一次面对记者时,她竟然忍不住哭了:"我有钱了,可是你知道这是用什么代价换来的吗?你知道我多么羡慕你们吗?你们都能正常地吃饭,而我现在唯一的愿望就是吃碗'真正'的饭。这两年,我为了尝辣椒,嘴里上火,溃疡,被烫伤,从来没有好过。那种辣得生疼生疼的感觉只有我自己知道啊!牙龈红肿得不能吃东西,每天只能喝稀饭。我现在喝稀饭比喝中药都难受!我苦啊!我想吃饭,我也是正常人啊!"

陶华碧如果不懂得剁辣椒，只跟员工讲大道理，让他们克服困难、继续生产，很可能没有什么效果。陶华碧如果不亲自去品尝辣椒酱的味道，只让别人代劳，让他们承受身体的痛苦，就无法在"老干妈"树立自己的威信。只有当她掌握了技巧，又能亲力亲为的时候，员工才能在遇到困难时不退缩，因为陶华碧已经给他们充当了榜样，靠着技术和实践完成了管理工作。

陶华碧的高手之名当之无愧，在做辣椒酱的各个工段，她都是专家。她知道该选择什么样的辣椒、什么样的油，也懂得创造最好的制作条件。"老干妈"曾经也找过一些专业的营养学家传授知识，可遇到难题，往往还是陶华碧靠着自己所积累的经验去解决。从这个角度看，陶华碧才是"老干妈"的首席技术官。

陶华碧不仅掌握了技术，还富有创新精神。随着"老干妈"的竞品越来越多，创新就成为未来发展的关键，而陶华碧在多元化战略方面也颇有建树。她在开发新产品时，总是和专业技术人员一起钻研加工制作的方法，最典型的例子就是腐乳。陶华碧之前对腐乳的制作工艺接触得并不多，没有经验和技术积累，但是她能够活学活用，在她做民间风味的基础上进行了创新。

"老干妈"的腐乳是霉菌型腐乳，可是菌种很多，在食品制作中，应该选择哪一种呢？研发团队在解答这个难题时，一度受挫，后来陶华碧总结出了优秀的菌种应该具备的六个特点：一是繁殖速度快，二是抗菌能力强，三是不产生毒素，四是生产的温度不受季节限制，五是具备蛋白酶、脂肪酶、肽酶及有益于腐乳质量的酶系，六是能保持腐乳细腻柔糯的品质。研发团队大受启发，很快就找到了合适的菌种，不过如何进行菌种优化仍然是难题。陶华碧再次参与到研发过程中，最终帮助研发团队设计出了一套初级流程图。

陶华碧深知内行对"老干妈"的重要性,所以为了把手艺传下去,她选择了传统的师傅带徒弟的方式,以自己为中心传授技术。在创业阶段,这个传承体系只存在于"老干妈"的内部,后来,为了扩大技术影响力,贵阳市南明区在2014年开办了"师带徒"技能培训班,由"老干妈"和那些有技能和经验的老师傅签订1—3个月的师带徒培训协议,明确工种、技能等要求,同时由陶华碧组织成立"师带徒"培训管理工作组。

很多人一想到如何打造"爆款",就会本能地想起营销。的确,有不少产品是通过营销迅速走红的。回头看陶华碧打造的"爆款",这里面没有流量密码,也没有明星带货,靠的就是陶华碧顶呱呱的技术。"老干妈"的成功没有窍门和捷径,都是陶华碧一步一个脚印地走出来的。正是这种踏实、低调和认真的品质,才成就了"老干妈"这个"爆款"。在这个越来越浮躁的社会中,陶华碧以鲜活的事例证明了,埋头攻克技术难题的人也一样可以成为企业的领导者,也一样可以打造出尽人皆知的产品。

2. 创业就是要拼命干

能够把小生意做成民族品牌,这是需要大智慧和好运气的。没有过人的智慧、长远的眼光和好的时代,做大做强确实不易,但是在这些基本条件之外,还有一个更重要的因素,那就是拼劲。

有一次,贵州的一家媒体采访陶华碧,陶华碧讲述了她亲眼见证并参与的改革开放的经历。从中,人们不仅听到了一段有关改革开放的故事,还听到了陶华碧的心声,比如,"我背烂了20多个背篓,才走到了今天",再比如,"卖米豆腐我都纳税,我走起路去上税",不少人都被这个纯朴又霸气的女企业家感动,将她作为励志榜样。有一次,在采访中,陶华碧这样说:"别看我70多岁,你们这些年轻人的脑子还不一定有我的好用。"

很多人都想知道,陶华碧是如何打造出一个知名品牌的,她给出的答案很简单:"拼命干就是了。"

创业要拼命,这似乎算不上什么秘诀,大家也都知道,只有努力才能获得回报,但是很多人只是乱努力和白忙活,并没有把力量使用正确,反而兜了一个大圈子。之所以出现这种偏差,主要是犯了两个错误。

第一，没有当机立断。

这个世界上不缺少使用傻劲的人，但傻劲往往没有用处。很多人在做决定之前，往往要经历一个深思熟虑的过程，结果错过了最佳时机。为什么会出现这种情况？主要还是因为大多数人都是"思想的巨人、行动的矮子"，在实践之前，总是犹豫不决。反观陶华碧，她的行动力就很强。她出生在一个穷人家庭，没有快乐的童年，她的大部分时间都在帮家里人干活，从做饭洗衣到种地割草，没有什么活儿能少得了她，因此陶华碧永远是做完一件事，马上就去做下一件事，很少有休息的时间，更不可能抽出时间去思考怎么干的问题。正是这种高强度的劳动状态，让陶华碧养成了马上行动的习惯。

在"老干妈"，很多员工都可以证明，只要遇到需要决策的事情，陶华碧往往能够很快作出反应。哪怕是在节假日，她也会当机立断，而一旦公布决策，她就会让员工马上执行。陶华碧的小儿子李辉表示，他们做任何事，母亲都不允许过夜，安排的事情必须马上做。为何如此呢？陶华碧给出的理由是夜长梦多。大儿子李贵山在给陶华碧阅读企业文件时，陶华碧不仅听得认真，而且只要听到重要的东西，就会说："这个地方很重要，用笔标记一下，马上推广下去。"简而言之，陶华碧一旦认准一件事，就会马上行动，不会让别人胡乱猜想。她的做事风格就是雷厉风行的。

当初"老干妈"推进全球化战略时，准备不足，导致辣椒酱被欧盟查出瓶盖密封性差、漏油等安全问题，被禁止上架。陶华碧干脆地下了命令：研制符合欧盟要求的瓶盖，提高密封性。贵州省科技厅成立了一个"环境友好、高值化PVC树脂及其特种专用料生产技术开发"的项目组，组织国内在PVC材料方面具有技术优势的包括浙江大学在内的4所高校和中科院化学研究所，外加贵州本地的3家PVC企业，一起进行专项研究开发。现在，这个课题小组已经建立了中国的绿色环保PVC产品指标体系。研究员在这个体系之下，研究出了高性能PVC专用料的生产平台和电石法PVC品质稳定化生产工艺技术，解决了很多行业内的棘手问题，如PVC的耐热性、PVC的寿命等问题，目前4个课题中已经形成并申报34项专利。

课题小组的科研攻坚，让"老干妈"在进入欧盟时，不再面临技术难关。如果陶华碧当初选择其他手段去解决这个问题，恐怕既没效果，也浪费时间，而市场本身就是瞬息万变的，陶华碧的果断为"老干妈"的国际化争取到了宝贵的时间。

第二，不懂如何拼命。

陶华碧所说的拼命，不是和对方硬碰硬，而是使用一股巧劲去博弈，在控制自身损耗的前提下解决问题。陶华碧之所以给员工灌输当机立断的工作态度，也是为了让"老干妈"全员养成当机立断的习惯，建立高效率的反馈机制，以便在日后遇到突发事件时立即作出决策。

聪明的拼命不是一腔热血地蛮干，而是懂得巧打，建立一套应急反应机制，而这也是陶华碧一直坚持的工作方法。

一方面，不要以自我为中心思考问题。越是站在自己的视角去思考，越容易走进死胡同，很可能事实上没有陷入绝境，只是没有找到隐藏的出路。在这种情况下，盲目拼命是没有效率的。另一方面，作出决策不代表事情结束，而是代表事情的开始，比如，陶华碧决定攻克瓶盖密封性的难题，一开始只是个决策，但后续的研发是在她的关注之下逐渐完成的，缺少任何一个环节都可能功亏一篑。这时需要的不是"慷慨赴死"的拼命气魄，而是缜密的做事态度，避免在不必要的事情上浪费时间、精力和资源。

退一步讲，即使真的需要拼命，也必须提前准备好备用方案，只有这样,才能在意外来临时不乱阵脚,这也从侧面证明了计划的重要性。从2006年到2008年,"老干妈"总计投资1亿元实施一期技术改革,完成出口产品半自动燃气炒锅炒制品工艺、灌装半自动化技术,自动广口瓶清洗、消毒技术的升级。这些技术上的升级,其实就是为了让"老干妈"在海外也能够持续保持技术优势。陶华碧已经做好"老干妈"走出国门后应对各种风险的准备。到了2009年,"老干妈"继续在全自动化方面投资2.9亿元,陆续完成了自动贴标、自动封箱、机械化封盖以及自动炒制机等项目。陶华碧之所以大手笔地投入资金,是因为她意识到未来的竞争会更加激烈。在产品区域同质化的今天,技术优势很可能会决定产品的市场占有率。陶华碧不断贯彻这种战略思想,开始了第三次技术改革创新,也就是全智能化生产。目前,技术升级正在有条不紊地进行,如果推进顺利,"老干妈"就能实现生产、管理标准化和可复制化,这就意味着"老干妈"的产品可以无限复制到世界上任何一个地方。

很多时候,我们推崇的经营诀窍、创业宝典,并非如想象中那样神秘,可能只是很朴素的技巧。很多人拿不出足够的勇气去实践,总是不断为自己的拖延和懒惰寻找借口,导致那些并不难懂的道理变得难以看透。陶华碧的出身和个性,决定了她天生就是一个实干家和行动派,这也就决定了她敢于拼命、善于拼命的作风,她的工作作风也融入"老干妈"的品牌中,形成一种强大而旺盛的生命力。

3. 把民族品牌推广到世界

随着中国经济的发展和国际影响力的提升,越来越多的人开始看重文化输出所带来的影响力。文化分支中的饮食文化,同样也会让一个国家、一个民族的对外形象在人们的餐桌上得到强化和提高。

现在,世界各地几乎都能找到"老干妈"的产品。"老干妈"遍地开花,和陶华碧的国际化战略不无关系。一直以来,很多生活在海外的华人都希望能够买到"老干妈"的产品,而在他们的影响下,不少外国人开始喜欢上了风味独特的"老干妈"辣椒酱,甚至在亚马逊购物网站上,"老干妈"还被贴上了"顶级辣椒酱"的标签。

尽管从目前的销量来看,"老干妈"辣椒酱还无法和早已打入国际市场的泰国辣椒酱、墨西哥辣椒酱相媲美,但对于一个后起之秀来说,其品牌影响力也不容小觑。不少外国消费者吃完之后,还会向朋友们推荐,他们将"老干妈"辣椒酱的口感描述为"美妙的鲜辣",甚至还有人认为"老干妈"辣椒酱是中国出口的最好吃的食物。曾经有人去一个和中国建交时间不长的非洲国家,结果发现商场里唯一能看到的中国产品就是"老干妈"辣椒酱,可见"老干妈"在当地受欢迎的程度有多高。正如陶华碧所说:"你问'老干妈'卖到多少个国家去了？我也不晓得卖到了多少个国家,我只能告诉你,国外有华人的地方,就有'老干妈'。"

当然,外国消费者对"老干妈"的了解超过了对陶华碧本人的了解。如果直接问他们陶华碧是谁,几乎没有人知道,但如果提到"愤怒女士",他们马上就会想到"老干妈"这个品牌,因为"老干妈"品牌的英文名就是"Angry Lady"。不仅如此,网络上还有一个"老干妈"爱好者的主页,这里汇集了来自全球各地的"老干妈粉丝",他们经常交流在哪里可以买到"老干妈"。

"老干妈"走到今天这一步并不容易。

1999年,香港的超市里第一次出现了"老干妈"辣椒酱,此时的"老干妈"已经在内地以外的市场开拓了十多年。在顺利进入香港、澳门等地以后,陶华碧又将目光放到了整个东亚地区。然而,食品想要进入国外市场是非常难的,因为每个国家的卫生标准不一样,想要在所有国家畅通无阻,就必须拿到国际公认的卫生认证。

2001年,"老干妈"获得了美国食品及药物监督局的注册,"老干妈"辣椒酱在世界上大多数国家可以免去再次认证的麻烦。随后,"老干妈"辣椒酱开始进军日本市场,还通过了日本厚生省的卫生检测,此后,又相继在英国、韩国、法国、澳大利亚等国家站稳了脚跟。不过,陶华碧不是一个安于现状的人,她想让全球更多的消费者知道"老干妈"并喜欢上它。陶华碧很快又开拓了泰国、西班牙、比利时等新市场。

产品的全球化进程不可能一帆风顺,在经历了开头的顺利突进之后,"老干妈"遭遇了挫折。在进入德国市场以后,陶华碧发现竟然已经有人抢先注册了"老干妈辣椒酱"这个品牌,她开始重视海外的商标保护事宜。

在进入法国市场后,"老干妈"派驻国外的管理人员每到下午五六点钟打电话开会时,经常一个人都找不到,他们后来才知道法国每个星期的工作时间是35小时,每年的假期长达6个星期,而"老干妈"的管理人员都是24小时"待机",这和法国当地员工的工作节奏完全不匹配。大家很不适应,可是又只能雇用当地人工作,否则会因为语言和文化的原因无法展开工作。

虽然拓展海外市场遇到了很大的外部阻力,但"老干妈"内部存在的问题仍然是最主要的问题,其中最突出的就是产能问题。"老干妈"曾经在2005年的时候因为订单太多,产量跟不上需求量而导致产品供不应求。"老干妈"长期依靠的是创业时期就加入的技师,他们有十几年的工作经验,对"老干妈"产品的配料比例、炒制火候和灌装技巧十分精通,但要培养出这个级别的技师需要很长时间。随着海外市场的拓展,这种以熟练技师为核心的人工操作模式自然无法满足爆发式增长的需求。

总的来说,"老干妈"在海外市场所遇到的问题,也是很多国内企业在开拓海外市场时会遇到的,而每个行业、每个企业又存在较大的差异,所以同样的问题很难找到相同的解决方案,这就需要企业的领导者从自身和实际出发去寻找答案。

第一,拓展海外市场的必要性。

民族品牌要"走出去",首先要考虑为什么要开拓海外市场,这是最根本的问题。对于"老干妈"来说,国内市场已经趋于饱和,知名度已经达到了上限,基本上不存在未被开发的市场。如果只是扎根国内市场,可以保住销量,但很难再进一步,所以"走出去"就成为一种迫切的战略需求。更重要的是,"老干妈"掌握着配料的独特秘籍,这是很多海外竞品所不具备的优势,这种不可替代性意味着"老干妈"具有打入国际市场的潜力。

第二，拓展海外市场的注意事项。

受制于文化背景、饮食习惯的差异，民族品牌想要得到海外消费者的认可，需要付出更多的努力。要考虑清楚拓展海外市场该采取何种战略战术。此外，在拓展的过程中，是否需要技术迭代、融资和本地化服务等。挑战的难度越大，考虑的问题自然就越多，而陶华碧经过思考之后，选择了内部成长这种方式，也就是在海外建立生产制造或者销售基地。这种方式有利于内部员工循序渐进地了解并掌控海外市场，缺陷就是耗时比较长。很多国内企业选择收购兼并的方式在海外发展，在无形之中承担着不小的风险。

对于陶华碧来说，"老干妈"在国内的发展依靠的是自身实力，并没有借助时代的风口瞬间"飞"起来，那么在陌生的国际市场上，她自然也不会采取激进的方式去拓展，稳扎稳打才是最合理的方式。

其实，"老干妈"拓展海外市场的最初动力，并非出于商业布局上的考虑，而是陶华碧听说很多人在国外吃不到"老干妈"辣椒酱，才下定决心将"老干妈"辣椒酱卖到海外去。就是这样一种朴素的认知，让"老干妈"成为遍布全球的中国品牌。或许，企业家缺少的并非眼光和魄力，而是单纯和执着的品质。这些品质会让人抛开杂念，全身心地投入到自己热爱的事业中去，发挥出无穷的潜力并创造出更大的价值。

4. 这才是留学生心中的"女神"

如今网络上流传着一句话：中国留学生有一大"神器"——"老干妈"。走出国门以后，能吃到合口味的食物并不容易，在留学生群体中，"老干妈"代表着来自祖国的味道，是不可替代的。留学生圈子中甚至有这样一段歌谣："我左手一只鸡，右手一只鸭，背上还背着10瓶'老干妈'……"

这种俏皮话表现出了人们对"老干妈"的依赖，也是"老干妈"海外营销策略的起点。什么是成功的营销？成功的营销不是从企业的角度出发，而是从消费者的角度出发，让消费者能够主动地帮助企业进行推广。"老干妈"陶华碧就是消费者心中的"女神"。

根据调查，只要是华人众多的大都市，"老干妈"辣椒酱就一直是需求量巨大的食品。在纽约、伦敦等地，只要进入卖中国商品的超市，就能看到"老干妈"的踪影。为了方便购买，有些地方是私人店铺出售"老干妈"，顾客只要打电话订货，就会有店主提供送货服务，而购买者绝大多数是留学生，还有一些在当地工作的中国人。"老干妈"之所以成为留学生心中的"女神"，主要有四个原因。

第一,情怀。

对于中国人来说,民以食为天。一种食物不仅代表着一种味道,还代表着一种记忆。这份记忆中保存着对祖国的思念,保存着对家乡的惦念,而"老干妈"恰好起到了精神寄托的作用,因此在留学生群体中有了好口碑,让人们在一日三餐之际都想看到它、品尝它。

第二,饮食习惯。

抛开情怀不谈,单从饮食习惯的角度来看,很多留学生在异国他乡面对的最严重的问题就是饮食不习惯。语言可以学习,饮食习惯却很难改变。很多留学生正是用"老干妈"解决了饮食不习惯的问题,久而久之,"老干妈"就在他们心中占据了重要位置。

第三,孤独。

留学生孤身在海外,难免会有一种寂寞感和漂泊感,最想念的就是家的温暖。他们渴望有亲人在身边关心自己,而"老干妈"辣椒酱让饭菜有了妈妈的味道,给海外游子一种家的感觉。这种感觉让很多留学生顺利地度过了留学期,也在一定程度上缓解了心中的寂寞与孤独之感。

第四,稀缺。

"老干妈"在海外的知名度很高,很多留学生只要去超市,就会将货架上的"老干妈"一扫而空,导致"老干妈"在市场中呈现供不应求的状态,而这种状态反过来又刺激了消费者的购买行为。

基于以上四个原因,"老干妈"成为消费者主动宣传的民族品牌,这种宣传超过了对产品本身的推广。被贴上了情怀、情感标签的"老干妈"是满足感情需求的符号,基于这一点的自发营销背后隐藏着具体的社群心理和活动特征。

第一,文化背景相似。

中国留学生也好,海外华人也罢,他们在异国他乡都有一种孤独感。这种孤独感加上相似的文化背景,让他们有了一定的群体认同感。"老干妈"串联起了这种认同感,不仅拉近了他们之间的距离,还强化了他们对"老干妈"的情感认同。

第二,频繁地互动。

生活在海外的华人、留学生往来频繁,就餐的社交属性显得尤为重要。人们可以一边交流感情,一边品尝"老干妈"产品,这种良性的互动关系既增进了人与人之间的感情,又推广了"老干妈"的产品。

第三,深刻的记忆。

很多出过国的人,都可能听过或者对别人说过这样的话:"多带几瓶'老干妈'吧!""老干妈"和出国之间似乎有了一种紧密关系,促使人们不由自主地说出这句话,说过、听过的人自然会形成记忆,最终在人们心中产生一种特殊的记忆。

和其他走出国门的民族品牌相比,"老干妈"在情怀上占尽了优势,而一旦产品被消费者融入了自身的感情,就自然拥有了一大批坚定的"粉丝",而有"粉丝"的品牌才有生命力。时至今日,不管"老干妈"推出多少种新产品,都有人愿意尝试。简而言之,成功的营销从来都不是硬性的推广,而是消费者的自发行动。"老干妈"和海外学子之间的特殊联系与"老干妈"走出国门后的成功关系密切。

5. 在国外,吃得起"老干妈"的人都是有钱人

如果问国内什么佐餐食品的性价比高,可能很多人的回答是"老干妈"。的确,"老干妈"辣椒酱以实惠的价格和鲜香的口感赢得了很高的市场占有率。不过,便宜就是"老干妈"的品牌定位吗?其实不然。在国外,"老干妈"反而成了高档产品。

对于某些产品来说,低价只是一种定价策略,而定价策略会随着市场环境和消费者的变化而变化。2013年,"老干妈"被奢侈品电商Gilt称为"'尊贵'调味品",那时"老干妈"在美国的销售价格是73元一瓶,确实不便宜。

Gilt对"老干妈"的评价传到国内以后,消费者纷纷惊呼"老干妈"这个"丫鬟"产品走出国门后,竟然变成了"格格"。大众对这种现象最朴素的感受是有了民族自豪感,觉得这是民族品牌实力的证明,毕竟价格高昂,还供不应求,这足以证明中国辣椒酱在海外市场上的竞争力。

关于"老干妈"在国外成为"奢侈品"的事情,陶华碧是这样解释的:"国内确实便宜得多。我是中国人,我不赚中国人的钱,我要把'老干妈'

卖到外国去,赚外国人的钱。"这段话充分展示出陶华碧的豪气和底气,也激发起不少中国人的爱国心。

当然,薄利多销的道理陶华碧也明白,毕竟当年她开饭店的时候,就采用了这种经营策略,所以针对海外市场"老干妈"价格高的问题,陶华碧推出了平价版本的"老干妈"。在美国的各大华人超市中,"老干妈"的一些经典辣椒酱的售价普遍在3—4美元,虽然还是不如国内的"老干妈"辣椒酱便宜,不过以美国民众的消费能力,完全可以接受。在韩国的一些超市里,"老干妈"的平价版本大概为30元,而在日本的一些华人超市中,则有12元一瓶的"老干妈",算是海外最便宜的了。

通过上述案例可以发现,陶华碧对"老干妈"的海外市场策略有着清醒的认识。不同国家和地区的消费水平和消费观念不同,因此"老干妈"的价格策略要因地制宜,不能盲目统一,否则不利于开拓市场。有人担心"老干妈"会不会因为价格过高而销量下滑,其实基本不存在这个问题。"老干妈"在海外市场的价格是根据同类竞品的价格来制定的。日本的调味品"好侍青芥辣酱"(每盒43克)的售价每盒约20元,对比20元左右一瓶、200克起步的"老干妈","好侍青芥辣酱"显然更贵;而韩国的"韩今辣酱"(每盒500克)的售价是每盒约50元,也没有"老干妈"平价版本划算。很多国家出口的辣椒酱的定价普遍偏高,"老干妈"没必要主动降价。

"老干妈"在海外市场采用"多数平价＋少数高价"的定价策略,这和陶华碧的定价思路有关。

一方面,平价产品多是因为要打"亲民牌",毕竟消费能力强的人在市场中始终只是少数,而他们未必就是"老干妈"产品的忠实拥趸,相反,处于中下水平的消费者才是"老干妈"的基本盘。他们创造的财富有限,但是工作和生活压力不比高水平消费者小,他们可能会计较一餐饭的花销多少,性价比高的"老干妈"更容易吸引他们。

另一方面,高价位的产品是针对海外市场的特殊政策。美国的进口辣椒酱普遍售价很高,"老干妈"虽然可以抢占美国的低端辣椒酱市场,但久而久之,"老干妈"的品牌形象就会固化,这对于"老干妈"未来的产品定位调整来说是非常不利的。

综上所述,"老干妈"的低价版和高价版产品,不仅扩展了"老干妈"产品的价格区间,还为"老干妈"日后的发展创造了有利的局面,这是陶华碧组合定价策略的胜利。

产品的价格是否合理,其实存在主观认识上的偏差。当消费者寻找自己想要的商品时,会对比同类产品的定价,并得到一个认知结果。法国有一家玩具专卖店曾经购进了两种玩具小鹿,造型和价格都一样,区别只有颜色,结果上架之后,两种玩具小鹿都受到冷遇。老板想了个办法,把其中一种小鹿的售价从3元提高到5元,另一种标价不变,结果提高了价格的小鹿很快销售一空。

按照这个策略,"老干妈"的高价版产品就是为了提高产品的认知度,在潜移默化中将"老干妈"和高档产品画等号,这样既能满足消费者的某些心理需求,也能扩大"老干妈"的利润空间。

"老干妈"的海外负责人曾经表示,"老干妈"要做辣椒酱行业的全球第一。那么问题来了,什么样的产品才称得上是全球第一的产品呢?要回答这个问题,不妨看看香奈儿等品牌的产品。单论销量,它们并不能在同类产品中霸榜,但是品牌形象能甩同类品牌几条街,其中的奥秘就在于品牌影响力。品牌影响力不是依靠平价策略获得的。从这个角度来看,陶华碧要想让"老干妈"在人们心中留下"高端产品"的印象,就不能放弃海外市场。

如果直白地将"老干妈"翻译为英文,应该是"Old Dry Lady",但是陶华碧没有采用这个名字,而是用了"Angry Lady"这个译名,这比直译的名字要好得多。"Angry Lady"对中国人来说,有些难以理解,却十分符合欧美文化,有一种摇滚的味道,让人过目不忘。从这个细节之处,就可以看出陶华碧在开拓海外市场上是何等的用心良苦。

大量平价产品搭配少量高价产品,这就是"老干妈"的海外市场策略。陶华碧在市场策略上的确高瞻远瞩,她虽然是一个感性的人,但只要涉及产品本身,陶华碧就能展现出精明的一面。她为海外华人能吃到自己的辣椒酱而欢欣鼓舞,也为如何彻底打入海外市场而绞尽脑汁。

6. 过了质量关，才算真"出关"

产品质量永远是一个品牌最核心的部分。"贩卖"情怀和炒作概念都是"无根之水"，质量不过关就经不住市场的考验，不可能得到消费者的认可。这虽然是一个比较朴素的经商道理，但仍然有个别企业挖空心思，想要走捷径，因为产品质量的提升需要耗费资金、时间和精力。这种不端正的态度就决定了产品质量会出问题。

"老干妈"被不少消费者认为是产品质量过硬的品牌。"老干妈"很少有质量安全事故，因此被贴上了"诚信经营"的标签。事实上，"老干妈"从上到下都以产品质量过硬为荣。在"老干妈"龙洞堡总部的行政办公楼一楼，有一个展示厅专门展示"老干妈"产品的图片，而对面的"荣誉室"里则摆满了各种奖状和奖杯，它们证明了陶华碧一路走来的精彩和辉煌，也证实了"老干妈"的产品得到了专业机构的认可。

"老干妈"辣椒酱是用土法烹制的，但是陶华碧并没有把土法烹制和不卫生联系在一起。所有产品的生产都应该遵守安全、卫生的要求，而这也是陶华碧不懈追求的产品制作理念。

虽然目前调味食品市场中出现了很多竞品，但是"老干妈"在竞争中仍然保有优势地位，尤其是在食品安全方面。"老干妈"建立了自成一派的标准化体系，油温、火势如何控制，这些操作都会严格按标准执行。这种高标准和严要求表明陶华碧对产品的认知进一步强化，她的境界也提升了。

从2000年开始，陶华碧规定公司必须要对所有供应商进行考核，只要发现哪个供应商提供的原料出了问题，哪怕只有一次，就要将其从"老干妈"的采购名单中清除。这种严苛的做法成就了"老干妈"的好口碑，成为"老干妈"赢得市场的不二法宝。

陶华碧从来不回避质量安全的问题，因为出问题不可怕，可怕的是不积极改正问题。

"老干妈"在拓展海外市场时，因为缺少属于自己的经销商，很多时候无法了解消费者对产品的看法，也很难解决交易纠纷之类的问题，比如，出现包装破损、商品污染等情况，该如何处理？种种问题都是因为受到了外贸公司的掣肘而造成的。面对这种不利局面，陶华碧没有坐以待毙，而是主动寻求解决问题的方法。从2009年开始，"老干妈"直接在海外市场设置授权代理商。陶华碧这么做，就是要将市场的控制权掌握在自己手中，不能让别人的干预破坏"老干妈"的"出海"进程，不这样做就等于将自己的命脉交给了别人。于是，经过对代理商实力和各项能力进行全面考察之后，陶华碧最终选定了出口国家和地区的优秀代理商，与他们签订了严格的代理协议。为了防止出现变故，协议中还加入了代理保证金制度。即便如此，陶华碧依然不放心，她深知产品只要出现过一次质量问题，就可能让积攒多年的口碑毁于一旦，所以她特别追加了严格的质量跟踪制度、安全保障制度、月度考核制度以及市场拓展月报制度，看起来十分麻烦，却能帮助"老干妈"在不断开拓市场的过程中同步修正策略，制订出符合当地实际情况的市场营销方案，也能保证产品的质量不出问题。

这种海外市场销售模式，从本质上看，是陶华碧在企业做大之后采取的质量管理新措施。在"老干妈"品牌海外扩张的进程中，必须将质量管理的问题提升到新的高度，以匹配新的市场环境和消费者需求。

陶华碧一手打造的海外市场销售模式，成功地将"老干妈"和海外客户直接对接，不仅以最快的速度了解出口国的相关政策，还能让出口代理商获得产品质量和食品安全上的保障，形成多方共赢的局面。

不坑人，不骗人，这就是陶华碧最质朴的想法，把这些想法落实到品牌上，就有了诚意满满的"老干妈"品牌。和那些遇到危机就逃避责任的企业家相比，陶华碧始终把质量放在第一位，甚至从质量管理的角度去制定海外销售策略。这根控制质量的杠杆撬动了"老干妈"的经营战略，足以证明陶华碧的高明。

某些企业之所以在产品质量问题上"翻车"，究其根本，还是将目光只集中在利益上，忽视了质量管理，这样做无异于自掘坟墓。其实，最基本的经营原则是不能忘记的，因为它决定了企业未来能走多远。"老干妈"攻克难关，从容不迫地从国内市场"杀"入了国际市场，完成了一次伟大的"出关"。

7. 谁说规矩定了就不能改

人们常说，创业容易守业难。所谓守业，就是指如何在企业壮大之后继续带好队伍。在创业初期，大家往往愿意同甘共苦，不存在利益分配上的矛盾，而且组织体系相对简单，领导起来难度不大。企业扩大之后，效益的提高往往会让创业团队在利益分配上产生矛盾，管理上也会出现各种问题。这是企业创业者不得不面对的现实问题。

在"老干妈"创立初期，员工大多是陶华碧身边的熟人，有的甚至是亲戚，他们可以不计待遇地跟着陶华碧一起创业，也能够听从她的领导，所以陶华碧不必分散精力在管理上，全身心考虑经营问题即可。后来，随着"老干妈"逐渐在市场上被人们熟悉，企业规模扩大了，招收了不少新员工。这些新员工绝大多数都是和陶华碧没有关系的人，创业者和雇员之间缺乏天然的纽带，只能依靠制度去约束他们。

陶华碧虽然之前没有过多关注企业管理的问题，但是她十分清楚，管理对于企业而言是"内功"，"内功"修炼不好，势必影响企业的未来发展。

和同等级的企业相比，"老干妈"早期的企业制度显得比较粗糙，没有逻辑性很强的条款,只有一些语录式的规定,更像是家长对孩子的管教和约束。虽然制度条文不太符合现代企业管理的一般原则,但是从另一个角度看,这个制度也奠定了陶华碧家长式的管理风格,而家长有"管束"的一面,自然也有"温情"的一面,这演变成"老干妈"人情管理的基础。后来,这个制度没有被废除,而是被完善了,因为陶华碧坚信,即便需要强势的管理作风,也不能丢掉"老干妈"创业初期那种淳朴的和谐风气。这个决定进一步强化了陶华碧的"老干妈"形象,公司上下都对她肃然起敬,又倍感亲切。

陶华碧致力于打造一个走向世界的民族品牌,意味着"老干妈"不能只靠最初的简单制度进行管理,必须完善管理制度,让每一个新入职的员工都能懂规矩、守规矩。

陶华碧相信不管是一个国家,还是一个组织,单纯依赖人的自觉和说服教育是不会有效果的,只有完善的制度管理才能让人们抛弃私心、照章办事。在这种认识的前提下,陶华碧推出了新版的企业管理制度。

和旧的制度相比,新制度十分"老干妈",虽然依旧保留了家长式的劝导部分,但也加入了很多硬性规定的补充内容,为员工清晰地划出一条警戒线,让他们意识到"雷池"不可跨越,否则将会受到相应的处罚。

以采购员为例,在很多企业中,采购员的工作一直被认为是"肥差",有的采购员通过做手脚来中饱私囊。有些企业的管理者认为管理采购员的难度较大,但是陶华碧不这么认为,她觉得采购是企业运营中重要的一环,这个岗位上的人持续地损害企业利益,必然会给企业带来长期的危害。

"老干妈"的采购曾经由李辉管理,他手下有几十个采购员,不过他从来不担心这些人会干出损害企业利益的事。他并非盲目相信下属,而是了解这些人的底细。这些采购员都是从公司的基层中挑选出来的,每个人都经过了长时间的考察和培养,人品让人放心,而且他们自身享受的福利待遇也很高,不会为了贪图钱财而损害公司利益。"老干妈"已经建立起了科学完善的采购流程和监管机制,在制度的保障之下,采购部每年都能节省几十万的采购费。

有些企业盲目推崇信任机制,认为领导者要对员工绝对放心,毕竟"疑人不用,用人不疑",但这句话其实是存在漏洞的。人是会变的,人在掌握实权之前,也许可以做到清心寡欲,可一旦面对诱惑,就可能把持不住。陶华碧清醒地认识到,信任需要建立在完善的制度之上,否则信任员工就会变成放纵员工。

"老干妈"的采购员拥有选择原料供应商的权力。陶华碧严格规定了权力使用的方法:如果采购的原料出现了质量问题,要根据情况选择部分采购或者直接拒绝,供应商也可以提出异议,采购员根据对方反馈的信息酌情处理,比如,上报给总部进行调查或者对供应商提出新的要求。这就使采购员不能无理由地拒绝供应商的货品,进而避免了采购员变相勒索供应商的情况。除此之外,"老干妈"的采购员都有一定的活动经费支配权,这是为了支持各类原料供应商,而一旦行使该权力,就要填写报销单让采购部主管报销。如果公司查出采购人员和供应商之间存在相互勾结的情况,比如收购次品、收受回扣等,那么采购员就要面临罚款甚至是开除的处罚,严重者可能会被送至公安机关。

当然,严厉的制度与"老干妈"的人性化管理并不矛盾。在陶华碧看来,只有综合运用两种策略管理员工才是最有效果的:"硬"的策略是铁一般的制度,"软"的策略是人情味。只用"硬"的策略进行管理,会引发员工的逆反心理;而只用"软"的策略进行管理,又无法对员工形成足够的威慑力。只有刚柔并济,才能创造一个求赢争胜的公平环境,确保员工践行制度要求。当全体员工在制度面前一律平等时,他们就能在良好的竞争氛围下努力工作,突破业绩瓶颈,推动"老干妈"不断向前发展。

Chapter 8

创业绝学怎么学

1. 不在办公室喝茶，只在厂房转悠

领导者要不要整天围着一线转？这是一个值得探讨的问题。有人认为，领导者应该关注企业的发展大局，考虑战略层面的问题，至于一线具体是什么情况，靠基层和中层干部进行了解就足够了。从表面上看，领导者脱产是合情合理的，领导者关注企业的长远发展也没有问题，但这和深入一线本身并不冲突。

有些创业者经历了创业初期的筚路蓝缕之后，认为可以松口气了，于是就整天在办公室里琢磨如何做好企业文化和发展规划，对一线的了解都是通过中层干部的汇报来获得，就连基层干部也很少接触，久而久之就变得闭目塞听。在"老干妈"发展成为国内外知名的企业之后，按理说，陶华碧可以退居幕后指挥，毕竟从年龄上讲，她已经是一个老人了。陶华碧的两个儿子也是这么认为的：母亲操劳了大半辈子，该好好休息一下了。陶华碧的两个儿子此时也的确具备了经营公司的能力，没什么事情可以难倒他们的。

在儿子和身边人的劝说下，陶华碧终于放松紧绷的神经，去国内外的

知名景点旅游。当时,不少人都认为陶华碧这回是真的要退出了,然而没过多久,陶华碧就开始失眠了。一次,陶华碧旅游时,白天还玩得十分高兴,到了晚上却翻来覆去睡不着,最后跟和她同去的小儿子李辉说:"我睡不着,我想现在就回去,我听不到瓶子'砰砰'的声音就睡不安稳。"李辉无论如何也想不明白,为什么母亲非要听到玻璃瓶碰撞的声音,他只能劝说母亲,既然已经出来旅游了,就放下工作的事情,然而陶华碧全无游玩的兴趣,这次旅行只好草草结束。

充斥着玻璃瓶碰撞声音的工厂环境很难让人入睡,但如果一个人几十年里都听着这种声音入睡,那他很可能就会渐渐适应这个环境,陶华碧就是如此。在创业初期,为了方便管理公司,她吃住都在一线,所以每天都能听到工厂里机器开动的声音,甚至在"老干妈"这一品牌打响之后,她仍然会在办公室里放着一张行军床,如果工作到太晚,就直接在办公室里休息。

陶华碧经常到车间里和员工一起工作、聊天和吃饭,当然,她深入一线的根本目的不是为了监督员工干活,而是她认为:待在办公室里作出的决策就是纸上谈兵,想要解决问题,必须去一线,只有在一线才能想出真正的对策。

陶华碧很了解人性中的某些弱点:当一个领导者习惯间接了解世界时,他就会在权力的影响下变得独断专行。这就必然会给企业的经营埋下隐患,会浪费宝贵的资源以及错过稍纵即逝的市场机会。

通用电气公司的CEO杰克·韦尔奇曾说:如果一个大公司存在官僚主义,他会拿一枚手雷把这个大公司炸掉。韦尔奇之所以态度如此坚决,是因为他认为企业中的每个人都有责任和义务帮助企业摆脱官僚主义的束缚。官僚主义的管理会让企业发生"癌变",最终缩短企业的生命。然而，想要让掌握实权的人真正做到理性、客观，并不容易。

"老干妈"在成为知名的民族品牌之后，公司内部也渐渐滋生了官僚主义，导致一段时间内，产品的质量不如从前。陶华碧察觉到这一变化后，马上着手调查，发现很多职能部门的负责人都出现了官僚主义作风。这些负责人很少了解一线的实际情况，只是坐在办公室里胡乱指挥，闲暇时间要么在抽烟，要么在闲聊。陶华碧得知这些情况后，怒不可遏，她立即下令：所有部门负责人必须下到基层。除此之外，陶华碧还根据实际表现，开除了一些缺乏责任心的部门负责人。

大刀阔斧的改革，往往会迎来阵痛。在陶华碧决心整治管理层的弊病时，不少部门负责人也在私下表示不满。在他们看来，他们为"老干妈"奋斗了几十年，没有功劳，也有苦劳，而且他们跟着陶华碧一路走来，足够了解产品和市场，为什么非要深入基层呢？然而，当这些干部真正深入一线之后，他们才发现自己之前的想法太天真了。很多他们以为容易解决的问题，其实解决起来非常棘手；很多他们认为已经了如指掌的情况，其实早已有了新变化。他们终于意识到，"老干妈"内部存在很多制约未来发展的问题。

陶华碧对部门负责人的整顿可谓雷厉风行，她甚至把李辉都调离了岗位，理由是李辉不能完全胜任所在的岗位，导致李辉在很长一段时间内都没有负责生产方面的工作，可见陶华碧的决心和魄力。

陶华碧之所以强调部门负责人要深入一线，是因为了解一线可以帮助他们提高对基层工作的敏感度。更重要的是，当部门负责人每天都躲在办公室不务正业时，他们关注的重点就会从企业的利益转移到自身的利益上，不利于企业的发展。

部门负责人不下到一线去，官僚主义思想就会越来越根深蒂固，而现代企业一旦被官僚主义缠身,就离衰落不远了。管理者只有不断地和员工交流,保持密切的联系和互动,才能更好地和员工交换意见并进行正确的指导,在遇到各类问题时,制定出更有效的解决方案。

华为有一句话是"让听得见枪炮声的人指挥战斗"。的确,让不了解一线的人制订一线的作战方针,这本身就是一件匪夷所思的事情。想要赢得最终战斗的胜利,不光要重用那些常年奔走在一线的人,管理者身为指挥官,也要深入一线,最直接地了解情况,作出最符合实际情况的决策。

2. 该学还得学

学历是否重要？相信很多人会给出肯定的答案。如果问学历对于一个创业者而言是否重要，人们在这个问题的答案上可能会存在更大的分歧。有人会觉得学历事关领导者的素质，但也有人觉得学历和领导能力无法直接挂钩，陶华碧的情况就属于后者。

企业是和领导者共同成长的，企业的最初形态可能是"懵懂"和混沌的。当企业成长之后，企业的发展对领导者提出了更高的要求，有的领导者为此专门去学习经营和管理的知识，有的领导者不断从同行那里取经。对陶华碧来说，"老干妈"品牌的壮大意味着她要不断学习，而她面对的第一个难题就是签名。

过去摆摊、开饭店的时候，并不需要她签名，因此她一直没有去弥补这个短板。在"老干妈"成立之后，她作为老板，总有一些文件需要签字，这对于她而言，着实是一道难题。

有一次，李贵山拿着一份需要批复的文件给陶华碧，陶华碧没有问儿子该怎么写自己的名字，也没有让儿子代签，而是拿起笔，在文件上面画了一个圆圈,最后说:"画得还蛮不错的,可以当作我的签名。"李贵山看到这个圆圈后,哭笑不得地说:"妈,您没事也练习练习签名,画个圈是不行的,冒充您画的圈很容易。"李贵山在纸上写下了"陶华碧"三个字,陶华碧看着这笔画复杂的三个字,顿时感到为难。虽然如此,但她还是开始了练习。

对有基础的人来说,学着写三个陌生的字是很容易的,但是对于毫无基础的陶华碧来说,自己的名字怎么看怎么陌生,多一笔少一笔都会把字写错。不过,她还是拿出了创业时的那种勇气和冲劲儿,最后花了整整三天的时间学会了签名。那一天,陶华碧看着纸上自己写的名字,高兴得合不拢嘴,全公司的人都知道陶华碧会写自己的名字了,全部欢呼雀跃起来,陶华碧高兴地表示要请大家吃饭。

学会签名虽然是一件小事,但是对陶华碧来说,这是一个具有里程碑意义的开始,这意味着她克服了自身的弱点。陶华碧深知一个道理:签名就是企业家的脸面,签得好不好看直接关系到人们对企业家的认识。陶华碧不想被别人嘲笑,因此她拿出了十二分的勇气和毅力去应对挑战,在学习的过程中,她没有因为写得不好而摔笔离去,她清楚地知道什么是必须要做到的事情。

如果学会签名只是一次"小飞跃",那么武装头脑、强化经商意识,对陶华碧来说,就是需要完成的"大飞跃"。

很多人对陶华碧的认识有误,认为她之所以能取得成功,无非因为她掌握着民间秘方。然而,了解陶华碧的创业历程的人都知道,陶华碧其实一直在关注国家的发展,尤其是和经济有关的方面。

20世纪80年代,国家鼓励自主经营,于是大江南北出现了不少"下海"经商的人,其中不少人成了成功的企业家。此时的陶华碧在经历短暂的打工生活之后,意识到打工根本不可能改变自己的命运。她在了解国家和社会的新变化之后,果断加入经商队伍,展现了她对经济政策的适应能力。

1989年,中央加大力度推动经济发展,陶华碧所在的龙洞堡成了交通要道,不少司机都从此路过,陶华碧敏锐地看到其中暗藏的商机,于是东拼西凑地开了"实惠饭店",这是陶华碧针对地方经济发展的一次行动。她如果此时继续经营路边摊,那就很难满足南来北往的司机们的需求。

1994年,贵州省为了响应改革开放的总方针,出台了针对民营企业的"五不限"法规,即不限发展比例、不限发展速度、不限经营方式、不限经营规模、不限经营范围。这个政策旗帜鲜明地鼓励利用民间资本和各种技术力量,吸引了不少人创业。此时,陶华碧如果继续经营小饭店,就失去了做大做强的机会,而且经营小饭店靠的是交通线路上的司机,一旦司机减少,小饭店就会失去主要的客源。陶华碧既读懂了贵州政策的大方向,也认清了自己的事业中潜藏的危机,于是义无反顾地创办了"老干妈"。

2000年,中央推出"西部大开发战略",一时间引起人们的热议,不过大多数人无非看个热闹,然而陶华碧从中看到了门道:贵州一带的经济也会被进一步激活,可能会出现新的增长点。以保守为主的陶华碧竟然大胆地在贵州省内建立了多个辣椒原料处理厂,同时还在重庆和郑州等地寻找可以合作的玻璃罐生产厂家,为"老干妈"做大做强创造了条件。

当历史的车轮行驶到21世纪以后,国内出现了留学生大潮。几乎就在同一个时间段,陶华碧启动了全球化战略,目的就是跟随华人流动的轨迹,将"老干妈"产品远销到美国、澳大利亚等留学生聚集的国家。陶华碧用这种方式在海外市场迅速站稳脚跟。

或许有人会说，陶华碧并不是真的懂经济学，也不见得对国家政策有什么深入的理解，她不过是运气好罢了。实际上，陶华碧的每次重大决策都能和国家政策和社会环境的变化相呼应。纵观全球的知名企业，又有哪个企业是只依靠好运气而发展壮大的呢？

事实上，如果一个创业者能够多次作出具有战略意义的决策，那就说明创业者善于在瞬息万变的市场环境中识别出关键信息，从而在混乱的状况中找出一条明路。那么，陶华碧是如何找到明路的呢？很简单，看《新闻联播》。

陶华碧说："我是天天晚上7点钟都要看《新闻联播》的，全靠这个了解天下大事。"的确，像陶华碧这样没有文化基础的人，让她直接去上MBA的课程是不现实的，她也不可能抽出那么多时间和精力从头学起，于是她找到了武装头脑的捷径——关注国家政治、经济发展的新动向。

陶华碧通过看《新闻联播》，清晰地了解了国家的政策动向，让"老干妈"的发展始终跟随国家的经济发展步伐。除此之外，陶华碧还潜移默化地受到了《新闻联播》的正能量影响。有一次，陶华碧看完《新闻联播》之后，忽然感慨地说："我们国家，就要做大、做强、做好。经商的人，个个都要诚信纳税。我们的企业做好了、做大了，中国也能更强大、更好了。"

陶华碧用事实告诉所有人：一个人的远见和视野，不是和文化、学历绑定的，而是源于自身的阅历以及在某个领域专注多年的经验。没念过书不可怕，可怕的是不能认识到自身的缺陷，还以无知为荣。

3. 靠心算和直觉打天下

做生意的人，通常都对数字比较敏感。有意思的是，有的人虽然文化水平不高，也没有上过一天数学课，但就是对数字极为敏锐，甚至比高学历的人更擅长和数字打交道，陶华碧就是这种人。

不得不承认，有的人天生就具备超强的计算能力。陶华碧能够在最短的时间内算好一笔复杂的账目，而且她的记忆力也超乎常人。财务人员把账目念给她听，她最多听两遍就能记住，然后心算出财务进出的总账，还能够马上判断数据是不是有问题。这种心算能力和记忆力恰恰是一个成功商人必备的能力。

如果你认为，这不过是老天爷赏饭吃，那你就错了。陶华碧的这种能力是被现实环境逼出来的，可以说她是在克服困难中挖掘出了自己的潜能。1998年，老干妈风味食品责任有限公司刚成立的时候，只有区区40个员工，陶华碧作为老板，什么事都要亲力亲为。她不仅要去车间，带着工人剁辣椒，还要处理人事、财务的各种报表，公司上下的管理制度都需要陶华碧亲自审阅。至于和税务、城管以及工商等部门打交道，也全部是陶华碧的工作。此外，她还要经常参加政府主管部门召开的各种会议并上台发言。

如此多的工作任务压在一个大字不识的农村妇女身上，换成其他人，恐怕早就坚持不下去了。陶华碧不会虚与委蛇，不懂得客套，只会直来直去地和别人打交道，结果就是她要承受很大的压力。

生活就是这样，当你以为自己可能要被压垮的时候，压力却让你发现自己的潜能。事实上，潜能的开发往往需要很严苛的外部环境，只有当外界的刺激达到一定程度时，人才能意识到自己还拥有一些尚未被开发出来的能力。

在创办"老干妈"之前，陶华碧也经常和数字打交道，不过那时候，她做的只是小本生意，每天进出的账目十分简单，所以她并没有发现自己在这方面和普通人有多大差别，她不过是比别人算得稍微快一些而已。她接待的多是些走南闯北的司机，他们时间紧张，如果算账算半天，自然会引起他们的不满。陶华碧的算数能力在这一阶段也仅仅是开发到比较快的程度，毕竟这时的她还没有接触更复杂的账目。

其实，陶华碧开店的时候，不少生意人都买了计算器辅助算账，但是陶华碧没有购买，一方面是因为她想省钱供儿子念书，另一方面是因为她觉得计算器操作起来比较麻烦。在陶华碧创办"老干妈"之后，她仍然没有购买计算器，因为她发现用计算器算还不如自己心算算得快，陶华碧的超强计算能力让公司的财经大学毕业生也大为震撼。

严酷的生存环境，不仅会磨炼人的意志，还会激发出人的潜能。

在大儿子李贵山进入"老干妈"以后，他每天都要帮助母亲处理文件，通常是阅读文件上的内容给母亲听。陶华碧在听到关键信息时，会突然站起来，用手指着文件说："这个很重要，用笔圈出来，马上去办。"陶华碧之所以能够快速决策,是因为她不仅对数字有着超强的敏感度,还对商业信息高度敏感。她能够在第一时间快速判断出一件事是否值得做、要投入多少精力去做,堪称风险评估机器,而且不论什么类型的文件,她只要反复听两遍,就能一字不落地背出来。

一些商人其实早就没有了计算能力和商业嗅觉。他们把经商的重心放在了酒桌上,喜欢大摆宴席、和关键人物搞好关系,他们在决策上缺乏远见和连贯性,认为只要拥有人脉,就能掌控一切。有的商人因为没有过硬的关系,所以把经商的重点放在话术上,通过套近乎等方式博取别人的好感,以此争取合作机会。

上述这些做法不能说没有实用性,不过可能会对交易的进度、合作的意向产生一些负面影响。陶华碧是一个做事干净利落的人,她希望以最小的时间成本去完成一次交易,所以她总能在对方给出一个数字后,快速心算出交易是否对己方有利,然后开出自己的条件让对方判断,整个过程不拖泥带水,因此,很多和陶华碧打过交道的人都觉得她是一个办事利落、聪明可靠的人。

对数字的敏感和对商业的直觉,都是辅助陶华碧走向成功的要素。或许,有人无法认同商业直觉。事实上,直觉是客观存在的。不少成功的商人都是依靠直觉作出了判断。其实,只要投入时间和金钱就能够学会商业的基础知识,但商业直觉是很难学会的。当然,很多人并非没有直觉,只是被约定俗成的惯性思维束缚了,才扼杀了自己的直觉。

陶华碧相信直觉。她是一个做事雷厉风行的人,从不瞻前顾后,一旦作出决定,就立即执行,这种果断的性格也让她的直觉思维能力更强大。

有些商人虽然能够快速决策,但屡屡失败,这并非他们的直觉判断出了问题,而是他们永远把逐利看成唯一的目标,导致他们的决断过于功利化，往往只能抓住眼前的商机，过于短视。

如何快速作出决定？这是一个被很多人忽视的问题。很多人之所以和成功无缘，主要还是因为不相信直觉，因此一次次失去机会，只能做事后诸葛亮。陶华碧靠直觉反对贷款、反对上市，她能快速地判断出各种方法是否对"老干妈"的未来有帮助。她正是凭借这种能力，自力更生，特立独行，成功抵挡住了诱惑，带着"老干妈"坚持不懈地走下去。

一个人如果丢失了作为生意人的基本素养，即便获得成功也是短暂的。所幸陶华碧不是这样的人，所幸"老干妈"拥有像她这样的主心骨。

4. 格局大了，路就宽了

在营销主义泛滥的今天，"企业文化"成了人们经常使用的词汇。这个词汇本身没有问题，但是一些人借此夸大产品的内在价值，造成产品溢价，就有炒作之嫌了。事实上，企业文化建设能够落地的并不多。企业文化本身并不能直接变现，而成本和利润这样肉眼可见的真金白银才最受重视，这就导致企业文化走向了虚无，有的仅仅变成了宣传工具。

红极一时的李阳"疯狂英语"卖的是品牌，如今却已经消失不见，而差不多同时期的"新东方"没有什么响亮的金字招牌，却一直存活到今天。这个对比，并不是证明品牌价值不如文化价值，恰恰相反，品牌的号召力比文化更强，更具有传播性，但问题在于，企业首先有文化，才能孕育出好的品牌，如果跳过企业文化直接大力建设品牌，自然就是挂羊头卖狗肉了。

从另一个角度看，企业文化反映的不是企业创始人的文化水平，而是企业创始人的格局。以现存的某些蹭"老干妈"热度的产品为例，它们虽然在味道、口感上似乎与"老干妈"没有太明显的差别，但是其品牌的影响力和市场受欢迎程度远远不及"老干妈",这其实和企业的硬实力无关,而是和企业的软实力有关。

"老干妈"的软实力是什么？是陶华碧提出的"创民族品牌,立千秋大业"的企业愿景。正是因为有了这样的大格局,"老干妈"最终才克服重重困难,走出国门,不仅满足海外留学生和海外华人的需求,还进入各大超市,成为外国人心目中的高端佐餐食品,从而树立了强大的民族品牌形象,让不少外国消费者了解了中国的饮食文化。

有了大格局,企业才可能成为行业标杆。陶华碧如果只想做好吃的辣椒酱,那就不会有让"老干妈"走出国门、做大做强的魄力。由此可见,领导者的格局越大,就越能推动企业朝着良性的方向发展。

陶华碧赋予"老干妈"的文化内涵还包括"诚信经营,质量第一",她认为诚信和质量是企业稳固发展的基石。

"老干妈"的企业文化可谓豪气冲天,这和陶华碧的思想境界密不可分。因为她亲身经历了中国从改革开放到现在的重要阶段,也深受国家相关扶持政策的恩惠,所以她才能思考得更为深入:小小的辣椒酱代表的是一种民族形象,代表着一种饮食文化的输出。正如遍布中国的"洋快餐"一样,它们不仅给消费者提供食物,还输出饮食文化,而陶华碧也想将"老干妈"打造成这样的角色,征服全世界的消费者,让他们也爱上中国的饮食文化。

胸有大志,方有格局。陶华碧怀揣着做强民族品牌的梦想,以行动派的作风,采取了一系列"大动作"。

第一,扩建厂房。

大企业必然要配备大规模的厂房,陶华碧深知这一点。当初,"老干妈"的厂房在龙洞堡附近,能够满足创业初期的生产需求。企业规模扩大后,原来的厂房在满足生产需求上就十分吃力了,因此陶华碧力主扩建。硬件能力提升后,陶华碧不再担忧"老干妈"走出国门后产能不足的问题。

第二,铺设销售网络。

最近几年,陶华碧不断在销售领域发力,本着"依托国内,拓展海外"的思路,不断地将产品推向全国各地以及海外市场。"老干妈"在国内建立了大量的省级、市级代理机构,海外市场则由陶华碧的大儿子李贵山去开拓,这番安排足见陶华碧的"野心勃勃"。虽然主动出击有一定的风险,但富贵险中求,越是有风险,就越要迎难而上,否则只能坐以待毙。

第三,提供就业机会。

根据相关统计,"老干妈"用于采购农作物原料的资金超过了16亿元。"老干妈"解决了几百万农户的农产品销路问题,直接促进了贵州经济的发展。除此以外,"老干妈"提供了几千个就业岗位,就业人群中农民占据了大部分,他们原本文化程度不高,很难获得稳定的收入,但是陶华碧给了他们改变命运的机会。

有意思的是,"老干妈"的出现还催生了一些新的职业,比如贵州遵义虾子镇的"剪刀手"。陶华碧对辣椒原料有着近乎完美的要求,"老干妈"认可的辣椒必须是剪过蒂的。这个要求听起来很苛刻,但因为陶华碧坚持一手交钱一手交货,所以供货商还是愿意和"老干妈"合作,于是虾子镇就出现了一批"剪刀手"。"剪刀手"大多是有一定劳动能力、不愿待在家里闲着的老年人和放寒暑假的学生。他们拿着一把剪刀就可以开工:去辣椒基地剪辣椒的蒂。这个工作没有技术含量,但任务量较大,每人平均两个月就用坏一把剪刀。这个特殊的职业不仅解决了老年人、残疾人的就业难题,还让学生有了参与社会实践的经验,实现了自我价值。

第四,带动产业发展。

在提供就业机会的同时，"老干妈"的辐射带动作用也日趋明显。在辣椒酱生产的上游环节，贵阳、遵义两地的生产基地的员工就有4000人。以生产基地为原点，"老干妈"又大力发展菜籽、辣椒种植，光是在遵义和兴义，就建立了12万公顷的辣椒种植核心基地。在辣椒酱生产的下游环节。"老干妈"每天需要的玻璃瓶至少有200万个，一家玻璃厂无法满足"老干妈"庞大的需求量。于是，"老干妈"在和有实力的厂家合作的同时，还选择了一些中小型的合作伙伴，既满足了自身需求，又为它们提供了订单。"老干妈"的下游合作对象涵盖了玻璃厂、瓶盖厂、箱制造厂、商标标贴印刷厂等几十个配套企业，其他原材料和辅助材料的供应商也超过100个。

陶华碧曾经梦想让"老干妈"成为行业龙头，如今这个梦正在变为现实。"老干妈"已经获得"国家级农业产业化经营重点龙头企业"的称号，但在陶华碧看来，这还不够。她不仅关注国内市场，还关注海外市场。支撑她走到今天的动力是她为人处世的准则，这些准则正是她的创业之魂，让她愿意克服一切困难，高歌猛进，砥砺前行。

5. 不摆谱，掏心窝子待人

俗话说"店大欺客"。有的企业的确是如此经营的：企业在创业初期，重视每一个消费者，对消费者非常客气，服务也十分周到，生怕消费者被竞争对手抢走；随着企业的规模逐渐扩大，品牌打响了，销量提升了，客流充沛了，企业对消费者的珍惜程度就不如创业初期。买卖关系如此，合作关系也如此。有的企业在比较弱小的时候，"诚交天下友"，可一旦发展壮大以后，就把合作伙伴分出个三六九等，将那些实力弱小的合作伙伴晾到一边，甚至"踢出朋友圈"。

"老干妈"作为一个掌握秘方的知名企业，已经受到市场和消费者的广泛认同，现金流又非常充沛，具有超强的议价能力。不论是渠道商，还是原料商，都希望能和"老干妈"长期合作，因此有的人想当然地认为"老干妈"需要被渠道商和原料商"捧"着，然而事实真的如此吗？

答案是否定的，陶华碧不管是在"老干妈"的创业初期，还是在企业发展壮大之后，她都丝毫没有摆架子的举动，恰恰相反，她不仅会照顾长期合作的生意伙伴，还会千方百计地给合作伙伴让利。每年年底，陶华碧都会把全国各地的一级经销商请到贵阳，她不仅负责安排经销商的全部行程，还会精心为他们准备礼物。在见面期间，陶华碧会和经销商一起回顾本年度的销售状况，进行一次复盘，从中寻找亮点和问题，然后制定下一年度的销售目标。

2001年，一位广州的经销商将"老干妈"辣椒酱的销售目标定为3000万元，一下子让所有人都震惊了。这个数字有些夸张，毕竟"老干妈"辣椒酱的单价不高，2000年的全年销售额并不高。陶华碧对经销商许诺："你要是真能实现这个目标，我年终就奖励你一辆汽车！"当时大家都觉得陶华碧是在开玩笑，就连经销商本人也没有在意，因为之前没有先例，而且经销商本身也是有利润的，陶华碧没必要特别奖励他。然而，一年的时间过去了，这个经销商真的完成了销售额3000万元的目标。就在这一年，"老干妈"全年的销售额激增。

接着，经销商竟然真的收到了一辆捷达汽车，他意识到这是陶华碧在兑现当初的承诺。他知道，想要与陶华碧合作的经销商数不胜数，然而陶华碧不仅十分器重自己，还兑现了承诺，这非常让他感动。

陶华碧摆过路边摊，开办过小工厂，她的格局随着事业的发展而不断变大。她从来不会只盯着表面问题，也不会只关注现在，而是更多地看到了企业的本质和未来。陶华碧不仅自己秉持发展的理念，还把这一理念传递给公司其他人。一位"老干妈"的高管表示："老干妈"不仅不会"欺负"自己的合作伙伴，还会"讨好"他们。正是这种做法，让"老干妈"聚集了一批志同道合且关系密切的合作伙伴。很多代理商已经与"老干妈"合作了十几年，其中不少已经变成了百万富翁、千万富翁。

陶华碧对下游的经销商礼让有加，对上游的原料供应商也非常尊重，他们也常常成为陶华碧的座上宾。陶华碧深知辣椒农的辛苦和不易，过去是他们拉着车把辣椒送到厂里,后来,陶华碧觉得要给他们减轻负担,就很少让辣椒农自己送货上门,而是直接把收购的环节放在了田间地头,让辣椒农不出远门就能卖出自家的辣椒。随着"老干妈"规模的不断扩大,陶华碧没有借势去压低收购价格,反而开出了高于市场平均收购价的价格。

在很多人看来,陶华碧的做法很难理解。她虽然控制着整个生产链的关键环节,但她愿意将利益分给合作伙伴,这正体现了陶华碧的合作精神。她曾经掷地有声地说:"只有合作伙伴赚钱,我们才能赚钱。"那么,她为什么会有如此大的格局呢?

陶华碧早年开饭馆的时候,得到了朋友们的无私帮助。在他们的影响下,陶华碧逐渐认同了人与人应当亲密合作的观点。她无论掌握着何种资源,都认为单靠自己是不能做成大事的,只有和别人通力合作,才能成就一番事业。她既然要合作,就要对合作伙伴以礼相待,这样才能维系和巩固彼此的关系。

人是社会性的动物,只有通过和他人交往,才能达到某种目的。经商更是要重视合作关系,如果自私自利,就很容易让人脉流失,给未来的发展埋下隐患,而这正是一些企业盛极而衰的原因之一。

抛开人情世故不谈,陶华碧之所以重视合作伙伴,还与"老干妈"的企业属性有关。"老干妈"虽然在辣椒酱领域中是一家独大,但在佐餐调味品的大领域中则没有明显的优势,特别是在进入海外市场之后,"老干妈"还要面对来自全球的辣椒酱竞争者的挑战。"老干妈"尽管在调味品领域深耕多年,但仍然不能保证绝对的优势地位,有很多新加入的竞争者对其虎视眈眈,比如"老干爹"。总而言之,消费者也许不会再只认"老干妈"。单个的普通消费者对"老干妈"辣椒酱的需求量有限,也不会频繁地购买,

"老干妈"直接面对的并非消费者,而是各级经销商,是他们从"老干妈"手中买走了产品,因此经销商对于"老干妈"来说至关重要。

　　了解了上述原因,就不难理解陶华碧为什么重视合作伙伴了。总的来说,陶华碧是一个既充满人情味,又具备商业头脑的人。她既能和自己认可的人"走心",又能遵循市场规律"走脑",但无论走哪条路线,她对人的体贴关怀和对商业的洞察力都是货真价实的。她有着过硬的经商素质,这是"老干妈"的福祉,也是合作伙伴与消费者的福祉。

6. 拼命是为了底下那帮人

创业是一个艰难的过程,但只要挺过这个阶段,收获创业成功的果实,那就会是另一番景象。不少企业家在事业成功后都会放松自己,有的去郊外钓鱼,有的去打高尔夫,还有的沉迷于跑步……应该说,此时的放松正是对曾经辛苦付出的回报。

陶华碧作为一个成功的企业家,她也有自己的爱好。她喜欢打麻将,牌友基本上都是街坊邻居,无论输赢都不伤和气。虽然打麻将看起来不是高雅的休闲活动,但对于陶华碧而言是最好的放松方式。不过,很多人在目睹陶华碧所取得的成功之后,就不由得产生疑问:既然有钱了,为什么不追求更有"土豪范儿"的娱乐方式呢?

陶华碧有钱不假,但是这些钱都是她辛苦赚来的;陶华碧喜欢打麻将不假,但这并不意味着她喜欢赌博。在陶华碧看来,她已经和命运抗争了一辈子,也算是和命运赌博了一辈子。更重要的是,陶华碧是一个有原则的人,她当初创业是为了带着两个儿子过上稳定富足的生活,并不是为了赚大钱之后一味享乐。她最初的目的也不是成为企业家,而是供两个儿子读书。在创业初期,陶华碧考虑的是如何让厂里的工人跟着自己赚钱,补贴家用。"老干妈"的成功并非一蹴而就,而是基于陶华碧的朴素愿望,一步步实现的。

陶华碧有格局,但不能理解为她从一开始就有野心。事实上,人的眼界和格局不会一开始就高于常人,人会经由契机或者通过知识和经验的积累而慢慢获得更高的眼界和更大的格局。人要获得成功,关键在于积累。

陶华碧虽然喜欢打麻将,但是她打得并不频繁,因为她真正惦记的还是她一手创办的"老干妈"。有一次,陶华碧和几个牌友在打牌期间,大家说她不懂享乐,有人问她:"你赚了那么多钱,几辈子都花不完,还这样拼命干什么?"陶华碧没有马上给出答案,而是彻夜未眠地思考了一宿。

第二天,公司召开全体员工大会,陶华碧需要给员工讲一讲当前的经济形势,比如如何应对以后面临的挑战和压力等。本来李贵山已经给陶华碧写好了一份演讲稿,陶华碧几乎烂熟于心,然而在这次会议上,她突然想到了昨天被问到的那个问题,就转移话题说:"有几个老阿姨问我,'你赚了那么多钱,几辈子都花不完,还这样拼命干什么?'我想了一晚上,也没有想出个'味'来。看到你们这些娃娃,我想出点'味'来了——企业我带不走,这个品牌我也拿不走,未来是你们的。我一想啊,我这么拼命,原来是在给你们打工哩!你们想想是不是这个道理?为了自己,你们更要好好干哪!"

陶华碧说完这番话,会场陷入短暂的沉默,几秒钟过后,忽然响起热烈的掌声。

很多企业家在走到事业巅峰之后,可能都会面临类似的问题:到底是为了什么拼命呢?陶华碧找到了答案,那就是为员工拼命。

在创业初期，跟随陶华碧的员工一个比一个辛苦。当时的工厂没有引进自动化的生产流水线，一切都要依靠人工来操作，满车间都是辣椒味，一不留神，眼睛里也可能飞进辣椒末，总是有员工为此离职。陶华碧很清楚，留住员工是非常重要的，而只有善待这些员工，才能留住他们，才能对得起他们的付出。正是出于这种报答性质的心理，陶华碧才给予员工她当时所能提供的最好待遇，她曾经这样说："员工只有吃得好，住得舒服了，才能安心工作。"

有些企业家对员工的回报除了工资之外，再无其他，有的甚至连工资都没有给到位。他们在精神层面上给员工"画饼"，希望能以此增强员工的归属感。事实上，企业既然发展壮大了，就要尽量满足员工的各种现实需求，为员工免去后顾之忧，这样既是对他们辛苦工作的认可和奖励，也能增强他们对企业的忠诚度。只有善待员工，企业的生命才能不断延续。

在一些人看来，陶华碧花钱给员工建宿舍大楼和食堂，简直就是在浪费钱，不如把这笔钱放在更能直接提高生产力或提高销量的地方。陶华碧则认为，"老干妈"的辉煌和员工的幸福是紧密相连的。从这一点上看，陶华碧不仅具有较大的管理格局，还赢在了人性格局上。她懂得换位思考，懂得体恤员工，将重担扛到了自己的肩上。

"老干妈"曾经有一位工作了6年的清洁工张大姐。虽然公司里有电梯，但不少人还是习惯走楼梯。张大姐每天都认真地擦干净楼梯，她之所以如此卖力工作，是因为她对"老干妈"有感激之情。张大姐一家四口都在"老干妈"工作，她的丈夫和两个女儿都在车间工作，四口人的收入水平让她非常满意。可以说，如果没有"老干妈"，就没有他们一家人的幸福生活。

在"老干妈"，像张大姐这样的员工很多，有一些干部甚至是在下岗之后被陶华碧招进公司,最后进入管理层的。陶华碧如果只满足于自己获得财富,不再用心经营公司,那么这些员工可能就会失去改变命运的机会,这也是陶华碧有底气说出她是为员工拼命的原因。

企业的领导者都在探讨如何增强员工的归属感的问题,落脚点无外乎是利益分配,但他们并没有说到点子上。企业的领导者考虑的不应该是分给员工多少钱,而应该是为员工做多少事。陶华碧几十年如一日,不敢懈怠,始终把员工的利益放在首位。只有当"老干妈"能为员工提供更光明的发展前途时,员工才能安心在"老干妈"工作。在"老干妈",他们挥别了过去,感受到了幸福的现在,看到了真实的未来。

7. 面对挑战不能"怂"

企业有发展的辉煌阶段,也会有迎击挑战的艰难阶段,甚至还会有跌入谷底的绝境阶段,企业的经营者需要调整心态去积极面对。长江后浪推前浪,没有谁能永远站在食物链的顶端,总会有重新洗牌的时刻,关键在于未雨绸缪以及直面挑战。只有这样,才能始终保持战略主动,适应时代和市场的变革。

2014年,陶华碧退居二线之后,"老干妈"面临着新的挑战。

一直以来,"老干妈"的口味被认为是一条"护城河",但从2015年开始,"老干妈"将原来使用的贵州辣椒换成河南辣椒之后,出现了"'老干妈'换辣椒事件"这样的新闻,不少人觉得河南辣椒比不上贵州辣椒,"老干妈"辣椒酱在味道上已经失去了原来的口感。

客观地讲,河南辣椒是否不如贵州辣椒好吃,这是一个比较主观的问题,而一些消费者之所以感觉味道变了,很大程度上是因为不适应新的口味,而不是因为辣椒酱的口感不如从前了。其实,"老干妈"从创立那天起,就一直没有打出"贵州辣椒酱"的口号,所以原料更换与品牌形象并无联系。

陶华碧在2019年重回"老干妈"之后，将河南辣椒换回贵州辣椒，并重新调整了配方。"老干妈"的业绩回升，当年的销售收入突破50亿元。尽管如此，还是有人为"老干妈"捏了一把汗，他们认为口味很难作为支撑"老干妈"发展下去的唯一法宝，在新的时代背景下，"老干妈"面临的挑战将会越来越大。

或许有人会说，"老干妈"已经走进千家万户，很多消费者习惯在餐桌上摆上一瓶"老干妈"辣椒酱，但事实真的如此吗？

我们不得不承认一个残酷的事实，那就是消费者会逐渐变老，而每一代人都有每一代人的追求，这代人喜欢的东西，很可能下一代人就不喜欢。随着"90后""00后"的成长，他们已经成为消费的中坚力量，他们的消费行为可能直接让品牌升值或者贬值，这一情况在辣椒酱领域尤为明显。现在，很多新的辣椒酱品牌涌入市场，有歌手林依轮的"饭爷"，有岳云鹏的"江湖铺子"，还有李子柒的辣椒酱品牌。这些新品牌的辣椒酱在明星和"网红"的带动下，销量逐年增长，也从侧面证明，随着互联网的发展，只有和网络深度融合的企业才会越来越有竞争力，典型的例子就是2019年开创的调味品新贵"佐大狮"，它跟美团外卖合作，十几万家外卖小店助力营销，这股势头不容小觑。

对于新一代的年轻人来说，他们喜欢新事物，不会固守传统，有新的辣椒酱品牌出现之后，只要没有负面标签的，他们都会尝试，而如果觉得味道不错，就会认可这个品牌，李子柒的香辣牛肉酱品牌快速成长就是最好的例证。从这个角度看，口味已经不是"老干妈"抓住消费者的心的法宝，情怀也会随着上一代消费者的老去而褪色。

虽然从市场份额上看，"老干妈"目前仍坐在头把交椅上，可还有很多家辣椒酱企业瓜分着市场，可怕的是辣椒酱企业还在不断增多。在这种局面下，谁拥有更高品质的原材料，谁的主动权就越大，而"老干妈"本身和供应商之间的关系比较微妙。"老干妈"有"一手交钱，一手交货"的原则，但不是所有的原料合作商都拥有充足的现金流，这一铁打的原则必然会缩小"老干妈"合作对象的范围。其他企业不受这一原则的限制，自然选择的余地就更大。

如今，辣椒酱市场不断扩容，也就是说消费者的需求在增长，那么随之而来的就是产能问题。"老干妈"现在拥有20多种系列产品，日产数百万瓶，按理说，产能没有什么问题，但在"老干妈"的生产线上，至今还是采用手工灌瓶的方式。这在整个辣椒酱行业中，算是比较原始的操作方法，在客观上造成了产能瓶颈。如果市场继续扩容，"老干妈"很可能会出现供应乏力的情况。

另外，值得注意的是，和"李锦记""饭扫光"等品牌相比，"老干妈"的价格策略导致产品利润率不高，但是，价格一旦涨上去，就有可能失去一部分消费者。很多新品牌的辣椒酱往往有流量加持，有着高于"老干妈"辣椒酱的文化附加值，因此消费者更能接受新品牌的高价辣椒酱，而"老干妈"如果贸然提价，会让消费者难以接受。

新对手层出不穷且打法多样，而"老干妈"在市场上还不占有绝对优势。没有绝对的"龙头"存在，那么谁能笑到最后，并不好说。

辣椒酱市场正在成为一个新的风口，形成这个风口的原因，陶华碧早就知道了，那就是现代人更加看重简单、高效的生活方式，而辣椒酱就是提高饮食效率的代表产品。如此多的新品牌不断涌入市场，它们的创始人虽然没有陶华碧的辣椒酱制作技术，但总能找出属于自己的产品亮点，通过差异化的口味去争夺消费者，"老干妈"再想只用好味道来留住消费者是不现实的。

更要引起警惕的是，新生的辣椒酱品牌会吸引大量的资本，而陶华碧奉行的"不上市、不融资、不贷款"原则很可能阻断了"老干妈"和资本的接触，而对手则可以无所顾忌地与资本合作。当然，这个"三不原则"并非不能改变，只是需要时间，更需要陶华碧说服自己。

辣椒酱产品的发展势头正旺，资本不会放过，而天然和资本不怎么对付的"老干妈"，很可能会越来越不适应行业的变化。

过去的"老干妈"势如破竹，这和陶华碧自身的人格魅力息息相关，但这种依靠个人魅力建立起来的经营管理模式，会不会在物是人非之后，发生重大改变呢？这的确是个值得深思的问题。

虽然挑战不断，但"老干妈"也有很多企业不具备的优势，那就是具有强大的稳定性。"老干妈"没有债务，不会盲目扩张，因此不会有财务危机，而那些喜欢与资本为伍的企业，有的不知不觉就开始"玩火"，给未来的发展埋下一颗地雷。相比之下，陶华碧的稳健个性就能给"老干妈"保驾护航。她从走上创业路的那一天开始，就知道这条路走下去不会轻松。她曾经克服千难万险，登上顶峰，又怎么会恐惧未来呢？

她曾谱下"老干妈"的辉煌篇章，并将创下新的奇迹。